GABRIEL CHALITA

FILOSOFIA E VIDA 9

1ª edição

FTD

São Paulo | 2016

FTD

Copyright © Gabriel Chalita, 2016
Todos os direitos reservados à
EDITORA FTD S.A.
Matriz: Rua Rui Barbosa, 156 – Bela Vista – São Paulo – SP
CEP 01326-010 – Tel. (0-XX-11) 3598-6000
Caixa Postal 65149 – CEP da Caixa Postal 01390-970
Internet: www.ftd.com.br
E-mail: projetos@ftd.com.br

Diretora editorial
Ceciliany Alves

Gerente editorial
Valéria de Freitas Pereira

Editora
Rosa Visconti Kono

Editoras assistentes
Amanda Valentin
Maria Clara Barcellos Fontanella

Colaboração e adequação pedagógica
Romulo Braga

Preparadora
Bruna Perrella Brito

Supervisora de arte
Karina Mayumi Aoki

Projeto gráfico
Juliana Carvalho
Carolina Ferreira

Capa
Sheila Moraes Ribeiro

Diagramação
Essencial design

Ilustradores
Alexandre Camanho (capa)
Roberto Weigand
Ilustra Cartoon

Coordenador de iconografia
Expedito Arantes

Pesquisadoras iconográficas
Ana Melchert
Erika Nascimento

Tratamento de imagens
Eziquiel Racheti

Diretor de operações e produção gráfica
Reginaldo Soares Damasceno

Revisão técnica
Paulo Cruz é graduado em Filosofia e em Processamento de Dados. Mestre em Ciências da Religião pela Universidade Metodista de São Paulo, atua na rede pública do estado de São Paulo e no Ensino Superior como professor de Filosofia. Ministra palestras sobre Filosofia e Imaginação Moral na Literatura Infantil.

Dados Internacionais de Catalogação na Publicação (CIP)
(Câmara Brasileira do Livro, SP, Brasil)

Chalita, Gabriel
   Filosofia e vida, 9 / Gabriel Chalita. — 1. ed. — São Paulo : FTD, 2016.

   ISBN 978-85-96-00498-5 (aluno)
   ISBN 978-85-96-00499-2 (professor)

   1. Filosofia (Ensino fundamental) I. Título.

16-05361   CDD-372.8

Índices para catálogo sistemático:
   1. Filosofia : Ensino fundamental 372.8

CARO ALUNO,

Desde pequeno, gosto muito de escrever e publiquei meu primeiro livro aos 12 anos de idade. Ainda menino, conheci uma senhora, em um asilo na cidade onde nasci (Cachoeira Paulista), que me despertou para o fascinante universo da leitura e da escrita. Eu era bem pequeno e não perdia a oportunidade de estar perto dela, aprendendo, ouvindo histórias e descobrindo as palavras.

Tive, também, professoras e professores apaixonados por seu ofício e pela possibilidade de despertar sonhos. Sonhando e escrevendo, já criei mais de 70 obras de diversos gêneros e para pessoas de diferentes idades.

Sou professor há muitos anos e sinto-me muito feliz com a minha escolha. A educação é fundamental em todas as fases da vida; por isso, sempre estudei bastante.

Tenho duas graduações, em Filosofia e em Direito. Fiz dois mestrados e dois doutorados pela Pontifícia Universidade Católica de São Paulo (PUC-SP). Faço parte da Academia Brasileira de Educação e sou presidente da Academia Paulista de Letras.

Escritor e professor: eis os ofícios que quero para toda a minha vida. Nos livros e nas pessoas, deposito os meus sonhos.

Para mais informações, consulte o *site*: <www.chalita.com.br>.

O AUTOR

SUMÁRIO

UNIDADE 1 — O QUE É PRECISO PARA CONHECER?, 6

O orador da turma, 8

Ver algumas verdades, 12
Vamos pensar melhor, 14
Conhecer aspectos da Filosofia Contemporânea, 16
Filosofia em toda parte, 20
Ser filósofo na busca pela verdade, 22
Pense a respeito, 24
Diálogo filosófico, 26
Se é assim, então..., 28
... posso dizer que, 28
Grandes pensadores, 29
Vamos acessar e assistir?, 29

UNIDADE 2 — A MORAL REPENSADA: CONFLITOS ÉTICOS, 30

O professor Joaquim, 32

Ver a responsabilidade social, 36
Vamos pensar melhor, 38
Conhecer a ética da Filosofia Contemporânea, 40
Filosofia em toda parte, 44
Ser filósofo para conhecer o valor da ética, 46
Pense a respeito, 48
Diálogo filosófico, 50
Se é assim, então..., 52
... posso dizer que, 52
Grandes pensadores, 53
Vamos ler?, 53

UNIDADE 3 VIVER COM SABEDORIA, 54

Gratidão, esperança e amor, 56

Ver a adversidade, 60
Vamos pensar melhor, 62
Conhecer uma possível forma de sabedoria, 64
Filosofia em toda parte, 68
Ser sábio, esperar menos e amar mais, 70
Pense a respeito, 72
Diálogo filosófico, 74
Se é assim, então..., 76
... posso dizer que, 76
Grandes pensadores, 77
Vamos ler e assistir?, 77

UNIDADE 4 IGUALDADE NA DIVERSIDADE, 78

O discurso de formatura, 80

Ver a cooperação feita por meio da união e da diversidade, 84
Vamos pensar melhor, 86
Conhecer o poder da tolerância para a democracia, 88
Filosofia em toda parte, 92
Ser prudente para compreender a si mesmo e o mundo, 94
Pense a respeito, 96
Diálogo filosófico, 98
Se é assim, então..., 100
... posso dizer que, 100
Grandes pensadores, 101
Vamos ler e assistir?, 101

BIBLIOGRAFIA, 102
ALMANAQUE FILOSÓFICO, 103

UNIDADE 1

O QUE É PRECISO PARA CONHECER?

Nesta unidade, estudaremos:
- a crítica da Filosofia Contemporânea à Filosofia Moderna;
- os aspectos essenciais da Filosofia Contemporânea;
- o conceito de genealogia do filósofo Nietzsche;
- a ideologia em Karl Marx.

Vamos começar

- Quais obstáculos uma pessoa pode encontrar na busca pelo conhecimento?
- A palavra **verdade** pode ter diferentes significados? Quais?
- Em quais situações você usa a palavra **ideologia**?

O orador da turma

O dia estava ensolarado e quente. Dentro da sala de aula, todos estavam agitados. Taís, a representante da sala, perguntou aos colegas quem gostaria de ser o orador da turma. Muitos gostariam, mas não tiveram coragem de indicar o próprio nome.

Taís foi rápida. Não deixou muito tempo para os colegas tomarem coragem. Ela propôs o nome de João.

– Levante a mão quem concorda!

Todos levantaram. Pronto, seria o João.

– Vou explicar minha indicação: ele fala bem, escreve bem, é ótimo aluno, é verdadeiro e cuidadoso. Vai fazer um lindo discurso. Concordam?

Todos concordaram. João era bastante querido pela turma.

– Vamos aplaudir nosso orador – pediu Taís.

E a turma aplaudiu. E assim João foi o escolhido.

Ele agradeceu, emocionado, e tentou dizer que, se alguém quisesse reivindicar o posto, entenderia.

– João, a eleição já foi feita – Taís o interrompeu. – Você foi escolhido por unanimidade. Agora é com você – e mudou de assunto. Foi para a pauta do passeio que fariam no fim do ano:

– Alguém tem alguma sugestão?

Ninguém falou nada. Ela, então, disse que a proposta era ir ao Rio de Janeiro.

– Praia, teatro, passeios, Cristo Redentor de braços abertos nos esperando. Alguém tem outra sugestão?

Segundos se passaram e Taís voltou à carga:

– Quem concorda levanta a mão.

Todos concordaram.

– Pronto. Falta escolher as músicas para a formatura.

> As qualidades mencionadas por Taís são importantes para um orador de turma **?**

Nesse ponto, demorou um pouco mais. Deixou que sugerissem. A garota estava satisfeita. Já tinha o destino da viagem e o orador da turma resolvidos.

Às vezes, Taís era um pouco autoritária, muito em virtude de seu jeito objetivo. Mas era uma menina cheia de compaixão. Cuidava de todos os colegas. Preocupava-se com os funcionários. Ajudava sua mãe em casa e no mercado municipal da cidadezinha em que moravam. A mãe de Taís tinha uma banca de frutas. A mãe de João trabalhava na limpeza do mercado. As duas sempre conversavam sobre seus filhos, o progresso que faziam na escola, as dificuldades e as alegrias da vida.

*

Quando as aulas terminaram, João e Taís foram direto para o mercado municipal encontrar suas mães. Queriam que elas soubessem da novidade, que ele seria o orador da turma. A mãe de João chamava-se Ana; e a mãe de Taís, Maria.

– Orador, filho? Que bacana!

Ana ficou emocionada, feliz com a notícia. Nunca fora a uma formatura. Foi contar a novidade para Maria.

– Meu filho vai ser o orador da turma!

– Nossa, deve ser muito importante – emocionou-se Maria.

– Deve ser sim, do jeito que ele está feliz, sorridente...

– Ele vai falar em nome dos alunos – Taís esclareceu à mãe.

– Ai, meu Deus! Eu sempre soube que esse menino ia longe. E você também, Taís. Vocês vão ser o que nós não fomos.

– Dona Ana, vocês são maravilhosas. As melhores mães do mundo. Estudaram na escola da vida e nos ensinam como professoras do amor. E mais, tudo o que temos e somos é graças a vocês!

As três se abraçaram.

Ana ficou com o olhar longe, pensando no que seu menino falaria no dia da formatura. Mas era hora de ir embora, Cosette não demoraria para chegar em casa.

Taís ficou um pouco mais com a mãe. Tinham de recolher as frutas e limpar a banca antes de ir para casa.

> Ser orador de turma é algo para se ter orgulho?

Gratidão é um bom sentimento?

A HISTÓRIA CONTINUA...

11

CVER algumas verdades

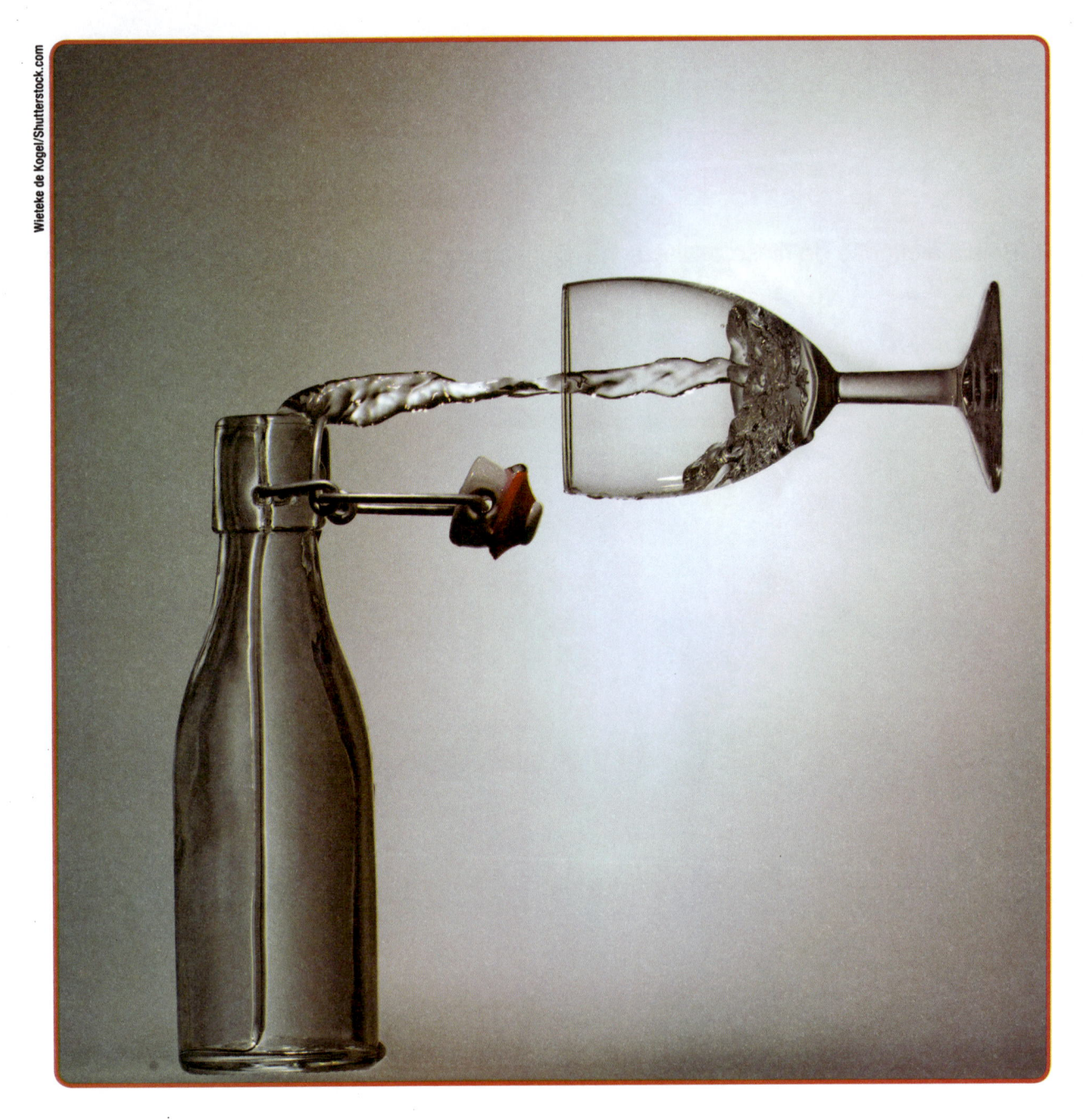

Wieteke de Kogel/Shutterstock.com

> Não acreditamos mais que a verdade seja ainda a verdade a partir do momento em que se retira seu véu: vivemos demasiadamente para acreditar nisso.
>
> Friedrich Nietzsche, em **A gaia ciência**.

1. Observe a imagem na página ao lado. Descreva-a com suas palavras.

_____
_____
_____
_____
_____
_____

2. Releia a citação do filósofo Nietzsche. Qual a relação dela com a imagem?

_____
_____
_____
_____
_____
_____
_____

3. A partir da observação da imagem, podemos dizer que é mais difícil afirmar com segurança que conhecemos algo?

_____
_____
_____
_____
_____
_____

4. Em sua opinião, existem verdades absolutas? A percepção de cada um a respeito da imagem pode variar, isto é, o que pode parecer uma certeza para um pode não ser para outro?

_____
_____
_____
_____

VAMOS PENSAR MELHOR

1. Marque um **X** nas características que descrevem a personagem Taís.

   ☐ Objetiva.　　　　　☐ Pretensiosa.

   ☐ Rápida.　　　　　　☐ Solidária.

   ☐ Tem compaixão.　　☐ Um pouco autoritária.

   ☐ Rude.　　　　　　　☐ Preguiçosa.

2. Retire do texto a frase em que Taís descreve João.

   _____
   _____
   _____
   _____

3. Em sua opinião, por que Taís considera "ser verdadeiro" uma qualidade?

   _____
   _____
   _____
   _____
   _____
   _____

4. Como é a relação dos dois adolescentes da história com suas mães?

   _____
   _____
   _____
   _____
   _____

5. Leia as frases a seguir e conclua se a afirmação:

[A] corresponde à realidade.

[B] é uma constatação realizada a partir de percepções individuais.

> ESTÁ CHOVENDO.

> A DENGUE É TRANSMITIDA PELO MOSQUITO *AEDES AEGYPTI*.

> AQUELE QUADRO É MUITO BONITO.

a) ☐   b) ☐   c) ☐

- Agora, escreva uma frase de constatação da realidade e outra que seja uma percepção sua.

CONHECER aspectos da Filosofia Contemporânea

A Filosofia Contemporânea é aquela produzida a partir da **segunda metade do século XIX** e que vai até os dias atuais.

O alemão **Friedrich Nietzsche** (1844-1900) foi filólogo, filósofo e crítico cultural do final do século XIX. Sua obra inclui textos críticos sobre a Filosofia, a ciência, a religião e a moral. É um pensador essencial para compreendermos principalmente o mundo contemporâneo. Entre suas obras mais importantes estão **A gaia ciência** (1882) e **Assim falou Zaratustra** (1883-1885).

E antes da Filosofia Contemporânea?

A Filosofia Moderna é anterior à Contemporânea, e consiste na produção filosófica ocorrida entre os séculos XVII e XIX. Seus principais representantes são René Descartes (1596-1650), John Locke (1632-1704), Isaac Newton (1643-1727), Francis Bacon (1561-1626) e Thomas Hobbes (1588-1679).

Os filósofos dessa época realizaram uma crítica racional aos filósofos antigos e medievais, valorizando a liberdade e a razão humana.

Eles também criticaram as cosmologias antigas, o que acabou enfraquecendo, em um primeiro momento, as bases da autoridade religiosa. No lugar de Deus ou de uma figura divina, os filósofos modernos colocaram a razão, os direitos dos seres humanos, a ciência, a democracia etc.

Da mesma maneira que os filósofos modernos fizeram críticas à Idade Média e à Antiguidade, a Filosofia Contemporânea vai analisar criticamente a Filosofia Moderna, principalmente dois de seus aspectos:

- Humanismo – a ideia, ou conjunto de ideias, segundo a qual o ser humano teria a primazia absoluta sobre todas as coisas, seria o centro do mundo, o princípio de todos os valores morais, políticos e também do conhecimento.
- Racionalismo – conjunto de ideias filosóficas que considera a razão como a única fonte confiável de conhecimento, cujo poder seria o fundamento de todo o progresso científico e social da humanidade.

Quem vai fazer essa crítica será o filósofo contemporâneo **Friedrich Nietzsche**. Para ele, temas da Filosofia Moderna, como a razão e a ciência, precisam ser revistos, pois não seriam tão poderosos e confiáveis como geralmente podemos pensar. Diante disso, como ficaria, então, o conhecimento?

Para responder a essa pergunta, vamos compreender primeiro que a ideia de teoria pode ser vista como a busca da causa de algo. Ela vai procurar a essência mais íntima do ser, aquilo que é mais importante no mundo que nos cerca.

Sendo assim, a teoria de Nietzsche é como uma antiteoria. Não é uma contemplação do cosmos, como faziam os gregos, nem uma contemplação de um Deus pessoal, como no caso dos filósofos medievais. Mas também não é uma tentativa de estabelecer relações entre as coisas, com o objetivo de dar forma e ordem ao Universo, como faziam os filósofos modernos.

O que Nietzsche propõe é uma desconstrução – ou **transvaloração**, como ele diz – desses valores. Ele chama isso de **genealogia**.

Quando fazemos a árvore genealógica de nossa família, recuperamos as filiações, descobrimos sua raiz, seu tronco. Da mesma maneira, a verdadeira Filosofia deve, de acordo com Nietzsche, deixar clara qual é a origem escondida dos valores e das ideias que acreditamos ser verdadeiros e imutáveis. Devemos descobrir como esses valores e ideais foram construídos.

Desse modo, segundo Nietzsche, seria papel do filósofo compreender com mais profundidade os valores, pois, para ele, nosso conhecimento sobre os valores seria sempre limitado.

Outro pensador alemão, **Karl Marx**, argumenta também que há obstáculos para alcançar a verdade. Ele chama esses obstáculos de **ideologia**.

A ideologia, segundo Marx, se opõe ao conhecimento verdadeiro. Muitas das ideias que julgamos verdadeiras, de fato, expressariam apenas interesses de uma sociedade ou de uma classe social. Assim, muitas regras morais da sociedade que julgamos verdadeiras em si mesmas apenas expressariam um interesse de que as coisas sejam daquela maneira.

Karl Marx (1818-1883) foi escritor, economista e cientista social alemão. Não foi estritamente um filósofo, embora sua obra seja importante para a Filosofia. A princípio discípulo de Friedrich Hegel (1770-1831), Marx desenvolve seu próprio pensamento e acaba por lançar as bases do que viria a ser conhecido como socialismo científico.

1. Quais são os dois aspectos principais que a Filosofia Contemporânea vai criticar na Filosofia Moderna?

_____
_____
_____

2. Segundo a Filosofia Contemporânea, a Filosofia Moderna substituiu a religião pelo quê?

_____
_____
_____
_____
_____

3. Segundo Nietzsche, genealogia é:

☐ o conhecimento adquirido por meio da lógica.

☐ o esforço para descobrir a raiz de valores aceitos como verdades.

☐ o descobrimento de verdades universais.

☐ a pesquisa que fazemos para descobrir as raízes de nossa família.

☐ o ato de relembrar verdades esquecidas há muito tempo.

4. Explique o que é ideologia, segundo Marx.

_____
_____
_____
_____

5. Leia o texto e responda às perguntas.

> Todos nós participamos de certos grupos de ideias [...]. São espécies de "bolsões" ideológicos, onde há pessoas que dizem coisas em que nós também acreditamos, pelas quais lutamos, que têm opiniões muito parecidas com as

nossas. Há alguns autores que dizem que na verdade nós não falamos de fato o que acreditamos dizer, haveria certos mecanismos, certas estruturas que "falariam por nós". Ou seja, quando damos nossas opiniões, quando participamos de algum acontecimento, de alguma manifestação, temos muito pouco de nosso aí, reproduzimos conceitos que circulam nesses grupos. Ideologia não é, portanto, um fato individual, não atua de forma consciente na maioria dos casos. Quando pretendemos alguma coisa, quando defendemos uma ideia, um interesse, uma aspiração, uma vontade, um desejo, normalmente não sabemos, não temos consciência de que isso ocorre dentro de um esquema maior, [...] do qual somos representantes – repetimos conceitos e vontades que já existiam anteriormente.

MARCONDES FILHO, Ciro. **Ideologia**: o que todo cidadão precisa saber sobre. São Paulo: Global, 1985. p. 20.

a) Escreva a definição de ideologia segundo Ciro Marcondes Filho.
_____
_____

b) Você conseguiria pensar em exemplos de ideologia?
_____
_____
_____
_____
_____

O que aprendemos?

- A Filosofia Contemporânea critica o humanismo e o racionalismo da Filosofia Moderna.
- Nietzsche diz ser preciso fazer genealogia, ou seja, procurar as raízes dos valores que supomos ser verdades, mas que, na verdade, não o são.
- Marx argumenta que existe ideologia, uma série de valores que são aceitos como verdadeiros, mas que expressam interesses de uma sociedade ou de determinada classe social.

FILOSOFIA EM TODA PARTE

A Filosofia Contemporânea busca compreender não só a nossa essência mais íntima, mas também a do mundo que nos cerca. Para alcançar essa compreensão, o filósofo seria o responsável por analisar com profundidade os valores da sociedade. Como o conhecimento sobre os valores que constituem nossa sociedade pode ser limitado pela ideologia, o filósofo é quem deve, portanto, tentar se aproximar o máximo que conseguir da realidade, procurando várias perspectivas ao refletir sobre um tema.

Mas será que só os filósofos alcançam essa forma de olhar o mundo que nos cerca? Na verdade, não. No campo das artes, por exemplo, há muitos artistas que desconstroem suas visões para poder compor suas obras. Os cubistas fazem parte desse grupo. Vamos conhecer um pouco mais esse movimento?

> O Cubismo foi um movimento artístico do século XX que se iniciou em Paris, em 1907. Esse movimento se recusava a imitar a natureza, respeitando noções de perspectiva e modelagem. Os cubistas buscavam desconstruir as formas naturais e apresentá-las mediante figuras geométricas, como cubos e volumes, de modo que dessem sentido ao que representavam sobre vários ângulos diferentes.
>
> Essa perspectiva múltipla permitiu, por exemplo, que esses artistas retratassem o rosto de uma pessoa tanto de frente como de perfil de uma só vez.
>
> Por essa arte, tudo o que nos cerca, desde figuras humanas, paisagens até objetos diversos, tem sua estrutura cuidadosamente pesquisada de modo que seja possível retratar objetos de diversos pontos de vista em um mesmo plano ao mesmo tempo.
>
> Fonte: ENCICLOPÉDIA ITAÚ CULTURAL. **Cubismo**. Disponível em: <http://enciclopedia.itaucultural.org.br/termo3781/cubismo>. Acesso em: 8 abr. 2016.

Observe, com atenção, a obra do espanhol **Pablo Picasso**, um dos representantes mais importantes desse movimento.

Inspirado na fisionomia da fotógrafa francesa Dora Maar, Picasso retratou nessa obra o sofrimento da figura feminina diante das mazelas da guerra. É possível observar nessa pintura as formas tipicamente cubistas, como o deslocamento dos olhos, da boca e do nariz, mostrando-os em distintas perspectivas.

Cabeça de mulher chorando com lenço (III), de Pablo Picasso, 1937. Óleo sobre tela. 92 cm × 73 cm. Museo Nacional Centro de Arte Reina Sofía, Madri (Espanha).

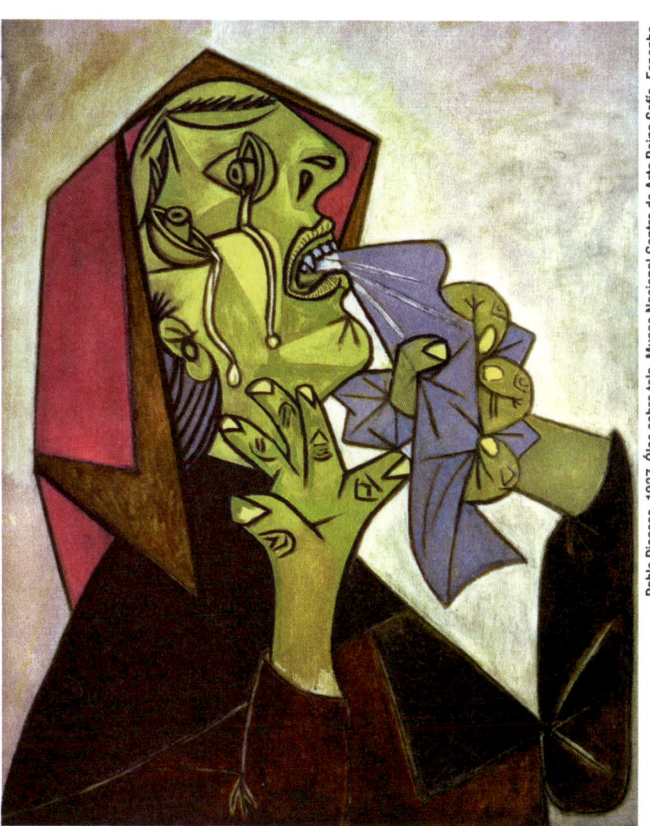

Pablo Picasso nasceu em Málaga, em 1881. Foi pintor, escultor e um dos mais importantes e influentes artistas do século XX. Iniciou, com Georges Braque (1882-1963), o estilo artístico conhecido como Cubismo. Faleceu em Mougins, França, em 1973.

- Em dupla, discutam:

    a) Apesar da desconstrução do rosto em distintas perspectivas, é possível perceber, na obra de Picasso, o sentimento da mulher retratada?

    b) Em sua opinião, a realidade é simples de ser retratada? Justifique.

Não é de espantar que...

... muitas vezes as certezas que possuímos não passem do que gostaríamos que fosse verdade? Há casos em que desejamos tanto que algo seja verdade que, com o tempo, sem perceber, passamos a acreditar naquilo como verdadeiro. Por mais doloroso que possa ser, devemos nos questionar se os valores que nos são mais caros e preciosos são realmente verdades.

SER filósofo na busca pela verdade

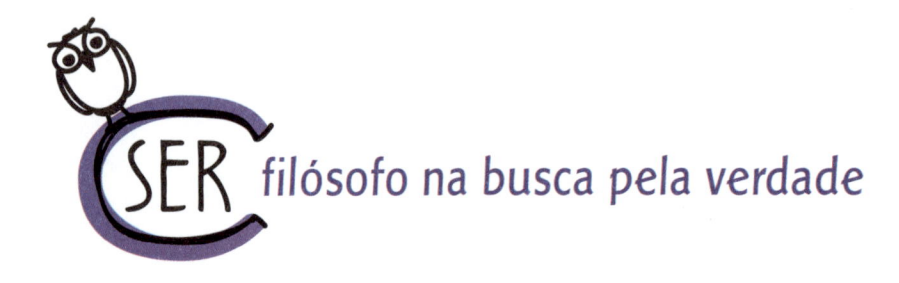

Um dos temas mais importantes da Filosofia é o da verdade. Muitas vezes, a própria Filosofia é definida como a busca da verdade. A Filosofia nos ajuda também a compreender o que significa dizer "eu sei a verdade" ou "isso é verdade". Quando paramos para pensar sobre isso, percebemos que há diferença entre verdade, conhecimento e realidade.

O texto abaixo foi escrito pelo filósofo francês André Comte-Sponville (1952-). Nele, esse pensador dá exemplo de como pensar na ideia de verdade e refletir qual a diferença entre ela e o conhecimento.

> Conhecer é pensar o que é: o conhecimento é uma certa relação – de conformidade, de semelhança, de adequação – entre o espírito e o mundo, entre o sujeito e o objeto. Assim, conhecemos nossos amigos, nosso bairro, nossa casa: o que temos no espírito, quando pensamos neles, corresponde mais ou menos ao que existe na realidade.
>
> Esse *mais ou menos* é o que distingue o conhecimento da verdade. Porque sobre nossos amigos podemos nos enganar. Sobre nosso bairro, nunca sabemos tudo. Sobre nossa própria casa, inclusive, podemos ignorar muitas coisas. Quem pode garantir que ela não está sendo atacada pelos cupins ou, ao contrário, construída sobre algum tesouro oculto? Não há conhecimento absoluto, não há conhecimento perfeito, não há conhecimento infinito. Você conhece seu bairro? Claro que sim! Mas para conhecê-lo totalmente, teria de ser capaz de descrever cada rua que há nele, cada construção de cada rua, cada apartamento de cada edifício, cada recanto de cada apartamento [...].
>
> A verdade é o que é [...] ou o que corresponde exatamente ao que é [...]. É por isso que nenhum conhecimento é a verdade: porque nós nunca conhecemos absolutamente o que é, nem tudo o que é. Só podemos conhecer o que quer que seja por meio dos nossos sentidos, da nossa razão, das nossas teorias. Como haveria um conhecimento imediato, se todo conhecimento, por natureza, é mediação? Nosso mais ínfimo pensamento traz a marca do nosso corpo, do nosso espírito, da nossa cultura. Toda ideia em nós é humana, subjetiva, limitada e, portanto, não poderia corresponder absolutamente à inesgotável complexidade do real.

COMTE-SPONVILLE, André. **Apresentação da Filosofia**. Martins Fontes: São Paulo, 2002. p. 55-56.

1. Como o texto define o que é o conhecimento?

   _____
   _____

2. Após a leitura, o que é, em sua opinião, o conhecimento?

   _____
   _____
   _____
   _____

3. Segundo o texto, qual a diferença entre o conhecimento e a verdade?

   _____
   _____

4. Retire do texto uma definição de **verdade**.

   _____
   _____

5. Segundo o texto, quais meios usamos para adquirir o conhecimento?

   _____
   _____

6. Segundo Comte-Sponville, podemos compreender toda a realidade? Retire do texto um trecho que justifique a resposta.

   _____
   _____

Vamos analisar

- Se todo conhecimento é limitado, isso quer dizer que ele não tem valor?
- Há conhecimentos mais completos do que outros? Você conseguiria pensar em algum exemplo?
- Já que não é possível saber toda a realidade, devemos parar de buscar o conhecimento?

PENSE A RESPEITO

Se a vida humana surgiu em determinado momento da História, isso quer dizer que um dia ela não existiu. O que quer dizer, também, que o conhecimento humano não existia. Isso pode nos fazer pensar que a razão humana e o conhecimento, que é produto dela, são apenas invenções humanas, que, possivelmente, para o Universo, não têm a importância como costumamos achar que têm. Essa é justamente a reflexão que Nietzsche fará no texto a seguir.

A invenção do conhecimento

Em algum remoto rincão do universo cintilante que se derrama em um sem-número de sistemas solares, havia uma vez um astro, em que animais inteligentes inventaram o conhecimento. Foi o minuto mais soberbo e mais mentiroso da "história universal": mas também foi somente um minuto. Passados poucos fôlegos da natureza congelou-se o astro, e os animais inteligentes tiveram de morrer. – Assim poderia alguém inventar uma fábula e nem por isso teria ilustrado suficientemente quão lamentável, quão fantasmagórico e fugaz, quão sem finalidade e gratuito fica o intelecto humano dentro da natureza. Houve eternidades, em que ele não estava; quando de novo ele [o intelecto humano] tiver passado, nada terá acontecido. Pois não há para aquele intelecto nenhuma missão mais vasta, que conduzisse além da vida humana. Ao contrário, ele é humano, e somente seu possuidor e genitor o toma tão pateticamente, como se os gonzos do mundo girassem nele. Mas se pudéssemos entender-nos com a mosca, perceberíamos então que ela boia no ar com esse *phátos* e sente em si o centro voante deste mundo. Não há nada tão desprezível e mesquinho na natureza que, com um pequeno sopro daquela força de conhecimento, não transbordasse logo como um odre; e como todo transportador de carga quer ter seu admirador, mesmo o mais orgulhoso dos homens, o filósofo, pensa ver por todos os lados os olhos do universo telescopicamente em mira sobre seu agir e pensar.

Na imagem, é possível observar nossa galáxia, conhecida como Via Láctea, cuja estrutura é em formato espiral.

NIETZSCHE, Friedrich. Sobre verdade e mentira no sentido extramoral. In: **Os pensadores**. São Paulo: Nova Cultural, 1996. p. 53.

1. O que é narrado no primeiro parágrafo do texto de Nietzsche?

   _____
   _____
   _____

2. O que pensa Nietzsche sobre a razão e o conhecimento humano? Retire **passagens** do texto que justifiquem sua resposta.

   _____
   _____
   _____
   _____
   _____
   _____
   _____

3. Qual comparação o autor faz entre o ser humano e a mosca, entre a razão **humana e** o fato de a mosca voar?

   _____
   _____
   _____
   _____

4. O que você acha da posição de Nietzsche com relação à razão humana? **Escolha** uma das opções abaixo e explique com suas palavras.

   Concordo totalmente, porque _____
   _____.

   Concordo parcialmente, porque _____
   _____.

   Discordo parcialmente, porque _____
   _____.

   Discordo totalmente, porque _____
   _____.

DIÁLOGO FILOSÓFICO

A ideia de que o poder da razão humana para conhecer é algo relativo, discutível e até mesmo incerto não nasceu com a Filosofia Contemporânea (em geral) e com o filósofo Nietzsche (em particular). É uma ideia que está presente nas tradições de diferentes culturas ao longo da História. Tais tradições apresentam situações por meio de histórias que nos desafiam a encontrar uma solução para elas. Considere a narrativa a seguir.

O sonho do veado

Lie Tsen contou uma história que complica de modo admirável o jogo entre pensamento e ilusão.

Um homem, numa floresta, capturou um veado e o matou. Para escondê-lo, colocou o corpo do animal num fosso coberto de ramagens e voltou para casa. Era inverno. A carne do veado podia conservar-se.

Alguns dias mais tarde, o homem esqueceu o lugar do esconderijo. E começou até a se perguntar: não teria sido um sonho? Ele contou sua história.

Outro homem, que o tinha ouvido, conseguiu encontrar o veado. Ele disse à sua mulher:

– Um homem tinha sonhado que havia matado um veado. Eu o encontrei, então seu sonho era verdade.

– E se fosse o contrário? – disse-lhe a mulher. – Se você tivesse visto, num sonho, um homem que tinha matado um veado? Isso é possível. Então é o seu sonho que é verdade e não o dele.

– Eu encontrei um veado – disse o homem. – Fui eu que sonhei com ele? Foi um

26

outro homem que sonhou com ele? Isso não tem importância nenhuma: eu encontrei um veado.

O primeiro homem, o que havia realmente matado o veado, viu então, em sonho, o lugar onde tinha escondido o corpo do animal. Sonhou também com o homem que o tinha encontrado. No dia seguinte ele lhe fez uma visita, perguntou pelo veado, e uma acalorada discussão foi travada entre os dois homens. Ambos foram levados à presença do juiz.

Este declarou-se incapaz de decidir a questão, ainda mais porque a mulher do primeiro continuava a sustentar que o marido tinha sonhado tudo aquilo, desde o começo.

– Quem sonhou? – perguntava-se o juiz. – O primeiro, que acreditava ter sonhado, teria matado realmente o veado? Ou ele sonhou que o tinha matado? O segundo não afirma ter matado o veado. Diz simplesmente que sonhou com ele. Seria possível que o tivesse matado? E que tivesse esquecido?

O juiz refletiu durante um bom tempo sem chegar a uma conclusão e mandou que o veado fosse cortado em dois: uma metade para cada um dos dois homens.

Um príncipe, que havia escutado o julgamento, perguntou:

– E se o juiz, por sua vez, tivesse sonhado que ele dividia o veado?

A esse propósito, como se tratava de um príncipe, também se discutiu muito. Mas sem se chegar a qualquer conclusão.

Ninguém pode distinguir realmente entre o sonho e a realidade. Talvez os velhos sábios tivessem sido capazes. Mas eles não estão mais por aqui.

Então, cortou-se o veado em dois.

CARRIÈRE, Jean-Claude. **O círculo dos mentirosos**: contos filosóficos do mundo inteiro. 2. ed. São Paulo: Códex, 2004. p. 87-88.

- Converse com seus colegas sobre a história que acabaram de ler.

    a) Coloque-se no lugar do juiz e dê uma nova resolução para a situação. Qual seria sua decisão e por quê?

    b) O que você pensa sobre a decisão do juiz?

SE É ASSIM, ENTÃO...

- Complete o diagrama com os principais conceitos estudados nesta unidade.

    1. Estudo que procura as raízes dos valores que supomos ser verdadeiros.

    2. Valores que são aceitos como verdadeiros, mas, na verdade, expressam interesses de uma sociedade ou de uma classe social.

    3. Filósofo que criticou o poder da razão e do conhecimento humano.

    4. Adequação entre o que se diz e o que realmente existe na realidade.

... POSSO DIZER QUE

- Escreva um pequeno texto ao filósofo alemão Friedrich Nietzsche, contando o que entendeu sobre o conceito de ideologia e dizendo se você concorda ou não com ele, sempre deixando claros seus pontos de vista.

_____
_____
_____
_____
_____
_____
_____
_____

GRANDES PENSADORES

Friedrich Nietzsche (1844-1900) foi um dos pensadores mais importantes do século XIX. Filólogo, filósofo e crítico cultural, estudou nas Universidades de Bonn e Leipzig. Em 1868, tornou-se professor de filologia grega na Universidade da Basileia, na Suíça.

Sofreu de depressão nervosa durante muitos anos, até sua morte, em 1900.

A Filosofia de Nietzsche tem caráter poético e pessoal e está diretamente ligada à sua vida.

Suas obras influenciaram a Filosofia Contemporânea e favoreceram muitas interpretações diferentes. Muitos consideram sua Filosofia uma passagem entre a Filosofia Moderna (que vai até o século XIX) e a Filosofia Contemporânea (do fim do século XIX em diante).

VAMOS ACESSAR E ASSISTIR?

ttp://www.mac.usp.br/mac. Acesso em: 13/6/16

O Cubismo.

Museu de Arte Contemporânea da Universidade de São Paulo. Página: <www.mac.usp.br/mac/templates/projetos/seculoxx/modulo1/construtivismo/CUBISMO/index.html>. Acesso em: 11 abr. 2016.

Na página, dedicada ao Cubismo, há explicações sobre a história desse movimento, assim como os principais artistas e obras que marcaram essa revolução estética e técnica tão importante para a Arte Ocidental quanto o Renascimento.

Janela da alma.

Direção: João Jardim e Walter Carvalho. Brasil: Ravina Filmes e Dueto Filmes, 2001 (73 min).

Este documentário apresenta pessoas que possuem diferentes graus de deficiência visual, explicando as diversas relações que elas têm com a visão e com o olhar. Várias personalidades, como o escritor português José Saramago e o músico brasileiro Hermeto Paschoal, revelam o sentido de não enxergar em um mundo com excesso de informação visual. Uma oportunidade para notar como muitas vezes a percepção da realidade irá variar de acordo com a nossa capacidade de captá-la.

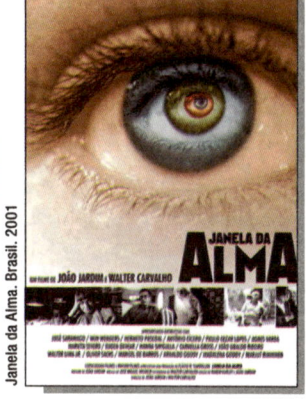

Filme de João Jardim e Walter Carvalho. Janela da Alma. Brasil. 2001

UNIDADE 2

A MORAL REPENSADA: CONFLITOS ÉTICOS

Nesta unidade, estudaremos:
- a maneira que a Filosofia Contemporânea pensa a ética;
- o problema filosófico dos conflitos éticos e sua importância;
- a visão dos filósofos Albert Camus, André Comte-Sponville e Luc Ferry sobre a ética hoje.

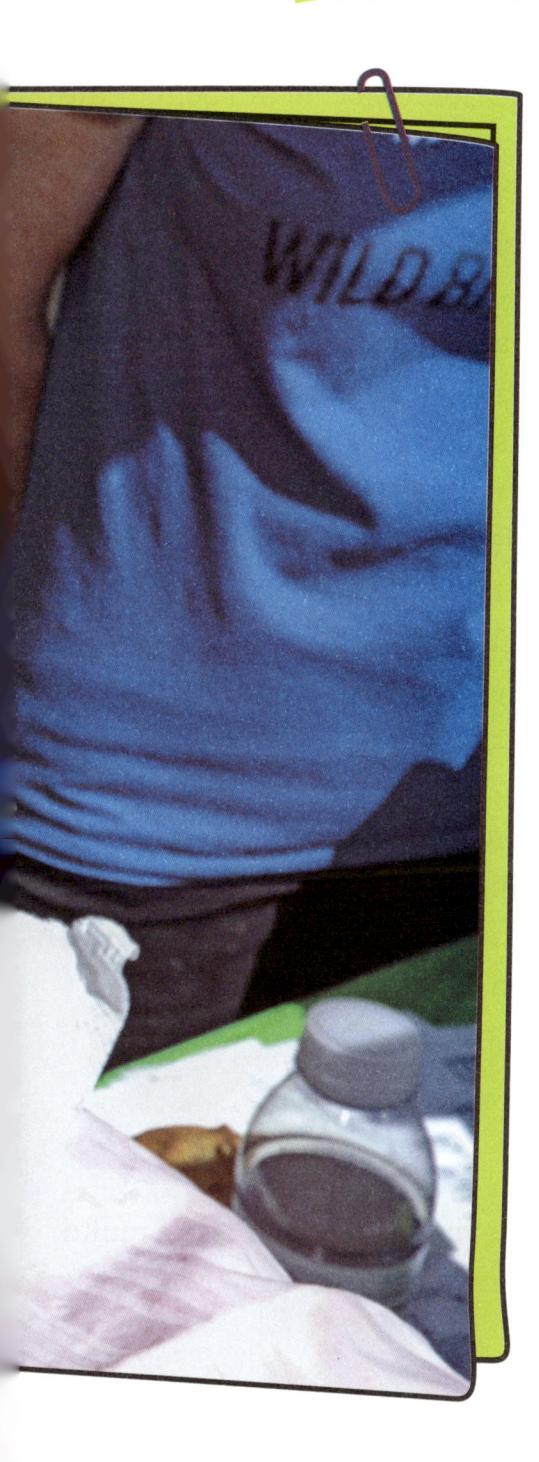

Vamos começar

- Que atitudes você diria que podem ser consideradas exemplos de boas ações?
- Você acredita que essas atitudes seriam consideradas boas ações em qualquer país do mundo?
- Você acha que pode haver alguma regra moral que seja válida para todas as pessoas?

O professor Joaquim

Cosette era a irmã mais nova de João, de 9 anos, que apresentava uma doença neurodegenerativa. A menina perdera parte das funções motoras e do sistema nervoso. Fonoaudiólogos, terapeutas e fisioterapeutas eram necessários no tratamento da menina. A mãe lutara muito até conseguir uma escola adequada para a filha.

O nome Cosette foi homenagem a uma vizinha que ajudou muito Ana, quando o marido resolveu partir.

João a amava. Cuidava dela e ajudava a mãe. Sonhava com um bom futuro para a irmã. Lia sobre os avanços da ciência e sobre a vida do genial físico britânico Stephen Hawking, um dos cientistas mais famosos do mundo, que também foi diagnosticado com uma doença neurodegenerativa, aos 21 anos. Atualmente, ele está com mais de 70 anos e continua se superando. Hawking afirmou que suas limitações físicas não o impediram de tratar da imensidão do Universo.

Naquela noite, João foi dormir pensando no discurso que faria. Formatura é um momento muito especial. Desejava transmitir uma mensagem que tocasse o coração das pessoas. Queria encontrar uma maneira de fazer todos os agradecimentos sem ser previsível e também falar sobre despedidas, sonhos, o alicerce que construíram naquela escola. Dormiu e sonhou. No sonho, havia homens sentados que não expressavam nenhuma reação. Foi quando percebeu que esses homens não tinham ouvidos. Nossa! Nenhum tinha ouvido, por isso não escutavam.

Acordou sobressaltado.

Fez o próprio café, como fazia sempre, já que sua mãe ia muito cedo para o trabalho, e foi ajudar Cosette a se preparar. Depois, levou-a até a *van* adaptada às necessidades da irmã, que a conduzia para a escola. Todos sentiam um carinho especial por ela e cuidavam da menina com muito amor.

João, ao chegar a sua escola, encontrou Taís chorando.

– O que houve?

– Meu pai, João.

– O que houve com ele?

– Chegou supertriste em casa. Ele perdeu o emprego. Ai, João, isso é muito ruim, porque ele fica se sentindo mal, como se não valesse nada. Nós tentamos colocar ele pra cima, mas não é fácil.

– Nossa, Taís!

– Para animá-lo, minha mãe pediu a ajuda dele no mercado.

– Ele vai conseguir outro emprego logo, você vai ver – João tentou consolar a amiga.

– Com essa crise que estamos atravessando...

João abraçou Taís. Deixou que chorasse em seu ombro. Amigos servem também para isso.

Na saída da escola, Taís disse a João que iria para o mercado.

– E eu vou visitar o professor Joaquim.

Joaquim foi o professor de Língua Portuguesa deles alguns anos antes. Já estava aposentado e tinha bastante idade. Era muito sábio, falava diferentes idiomas, conhecia várias culturas e escrevia muito bem. Tornaram-se grandes amigos. Joaquim e sua esposa sempre visitam as mães dos jovens no mercado municipal. Travavam longas conversas.

Chegando à casa do professor, João foi recebido com carinho. Gostava de sentar no quintal, cheio de árvores frutíferas e pássaros, e conversar.

– Tudo bem, meu filho?

– Tudo bem, professor, e o senhor?

Como era o amor de João por sua irmã?

> Em sua opinião, é preciso que haja agradecimentos em um discurso de formatura?

— Estou bem, apesar das dores nas costas – falou Joaquim, que não era de reclamar; tanto que disse isso sorrindo, para não preocupar o garoto.

— Tem cuidado da saúde?

— Sim, sempre!

— Professor, preciso da sua ajuda.

— Claro! Em que posso ajudá-lo?

— Fui escolhido para ser o orador da turma e queria que o senhor me ajudasse com meu discurso.

— Parabéns! Orador da turma, hein? Vamos caprichar nesse discurso, filho.

— Vamos sim! Eu queria dizer tanta coisa, mas não sei muito bem como fazer.

— Que bom que você tem muito a dizer, isso já é um passo importante para fazer um discurso. O que você quer dizer?

— Acho que tenho de agradecer todo mundo que nos ajudou esse tempo todo. Desde nossas famílias até as pessoas que trabalham na escola. Mas quero fazer isso de uma forma diferente. Não sei... O senhor me entende?

— Sim. Você já começou a escrever?

— Ainda não.

— Comece, filho. Vá escrevendo e eu vou ajudando. Um bom orador é honesto, ético. Diz o que acredita. Partilha o que o incomoda. Imagina que o seu discurso pode ser a sua contribuição para melhorar o mundo... Vou lhe dar outra dica, posso?

— Claro, professor, foi para isso que vim.

— Escrever é também cortar palavras, é reescrever, é estar certo de que o texto precisa tocar as pessoas.

— E quando a gente tem muito a dizer e pouco tempo para isso?

— É preciso aprender a ser sintético e, ao mesmo tempo, transmitir toda a mensagem. Você me entende?

— Entendo, acho que sim.

— Sabe, estou escrevendo outro livro sobre ética, João. Um livro baseado em casos concretos. São dez contos, cada um com um conflito ético. E tento dar algumas pistas inspirado nas teorias de Aristóteles e Tomás de Aquino. Um livro muito simples. Aliás, as mensagens mais profundas ficam mais belas quando tratadas com simplicidade.

— Sabe de uma coisa? O senhor me inspirou. Posso voltar na semana que vem?

— Quando você quiser, João. Vamos trabalhar seu texto. Ponha o que está no seu coração. Depois, vamos lapidando. Cortando. Acrescentando. Mas, lembre-se, um bom discurso é, antes de tudo, um discurso honesto.

— Obrigado, professor.

> Para você, construir um discurso exige dedicação e esforço?

A HISTÓRIA CONTINUA...

VER a responsabilidade social

Marcha pelo desarmamento nuclear mundial em Nova York, 2015. Na imagem, a mensagem do cartaz diz "Invista nas necessidades humanas, não em guerra. União pela Paz e Justiça".

> A ética da responsabilidade quer que respondamos não apenas por nossas intenções ou nossos princípios, mas também pelas consequências de nossos atos, tanto quanto possamos prevê-las.
>
> André Comte-Sponville, em **Pequeno tratado das grandes virtudes**.

1. Descreva a imagem da página ao lado.

   _____
   _____
   _____

2. Se você fosse escolher palavras que descrevessem o que motivou o homem que segura o cartaz a se manifestar, quais seriam? Assinale com **X**.

   ☐ Prudência.   ☐ Preocupação.
   ☐ Dever.   ☐ Egoísmo.
   ☐ Responsabilidade.   ☐ Inveja.
   ☐ Entusiasmo.   ☐ Amor.
   ☐ Diversão.   ☐ Justiça.
   ☐ Vigilância.   ☐ Inquietação.

3. Releia a frase de André Comte-Sponville. Ele fala sobre nos responsabilizarmos por nossas intenções, nossos princípios e nossos atos. Como essa afirmação se relaciona à imagem?

   _____
   _____
   _____

4. Procure compreender o que motivou as pessoas da imagem a se manifestarem. O desarmamento nuclear seria um bom motivo para você se manifestar? Por quê?

   _____
   _____
   _____

   • Que outros motivos levariam você a se manifestar e a demonstrar sua responsabilidade ética?

   _____
   _____
   _____

37

VAMOS PENSAR MELHOR

1. Vimos que João cuida de sua irmã. Como podemos descrever essa atitude de João?
   _____
   _____
   _____

2. João deve escrever seu discurso. Joaquim, seu ex-professor, lhe diz que "as mensagens mais profundas ficam mais belas quando tratadas com simplicidade". Quais qualidades seriam necessárias para fazer isso?
   _____
   _____
   _____

3. A família de Cosette se preocupa com a integração da menina à sociedade. Como você percebe isso no texto?
   _____
   _____
   _____

4. Você percebe, no texto, manifestação de respeito por Cosette?
   _____
   _____
   _____

5. O professor Joaquim afirma: "Um bom orador é honesto, ético. Diz o que acredita. Partilha o que o incomoda. Imagina que o seu discurso pode ser a sua contribuição para melhorar o mundo". Assinale as qualidades que considera importantes para um orador.

   ☐ Cerimonioso.   ☐ Divertido.
   ☐ Comprometido.   ☐ Honesto.
   ☐ Criativo.   ☐ Revolucionário.
   ☐ Despretensioso.   ☐ Verdadeiro.

6. Agora escreva um discurso. Utilize as qualidades que você assinalou na atividade anterior e siga o roteiro. E não se esqueça de reler os conselhos do professor Joaquim!

- Escolha um tema que vai interessar a seus colegas. Isso é muito importante. Procure um tema da atualidade que esteja nas mídias e que valorize a responsabilidade social.
- Em seu texto, deixe clara a sua intenção. Apresente seus argumentos.
- Ao final, releia seu discurso e verifique se o que você queria comunicar ficou claro para os colegas.

CONHECER a ética da Filosofia Contemporânea

A Filosofia Moderna costumava considerar que a ética era válida para todos. Em suas teorias, os filósofos modernos argumentavam que essas éticas eram regras racionais e universais. Esse pensamento, contudo, podia gerar um problema, já que o que é correto para uma cultura pode não ser para outra.

Então, como resolver essa questão quando conflitos ocorrem? Com base em critérios de moral de qual cultura?

Esse é um grande tema da ética atual. A Filosofia Contemporânea questiona justamente isso: se a ética deve ser a mesma para todos, se os mesmos parâmetros valem para todas as culturas. Há filósofos, como o francês (de origem argelina) **Albert Camus**, que pensam não ser necessário que tenhamos certeza de que nosso valor moral seja verdadeiro para que ele seja importante.

Albert Camus (1913-1960) foi jornalista, escritor, dramaturgo e filósofo argelino, nascido em Mondovi. Recebeu o Prêmio Nobel de Literatura em 1957 pelo importante conjunto de sua obra. Escreveu obras como **O estrangeiro** (1942), **O mito de Sísifo** (1942) e **A peste** (1947).

Segundo Camus, o ser humano deve compreender profundamente sua situação, na qual não tem o poder de saber se sua moral é verdadeira.

Assim, o ser humano deve aceitar sua própria limitação e reunir forças para, por exemplo, ter coragem de amar, mesmo que não compreenda exatamente por que deve fazer isso.

O filósofo francês contemporâneo **André Comte-Sponville** consegue sintetizar essa ideia: não é preciso despender um grande esforço para tentar fundamentar a moral sobre bases racionais. A moral não é boa porque é verdadeira; a moral é boa porque é válida, porque é um objeto da vontade.

Outro filósofo francês contemporâneo, **Luc Ferry**, vai desenvolver um conceito importante para compreender e aplicar uma ética para nosso tempo. Luc Ferry vai dizer que é preciso "sacralizar o outro". Mas o que quer dizer sacralizar, isto é, tornar o outro sagrado?

Ferry pede para você imaginar a seguinte situação: uma pessoa sofrendo pelo simples fato de seguir determinada religião, por ser de determinada etnia ou qualquer outro motivo. Qual seria a sua reação? Sem dúvida, você faria tudo o que estivesse ao seu alcance para tentar ajudá-la.

Mesmo se você não tivesse coragem para fazê-lo, você ainda saberia que o correto é ajudar essa pessoa. E se essa pessoa que está sofrendo fosse alguém que você ama, certamente você se arriscaria ainda mais para ajudá-la. Isso quer dizer que você se sacrificaria para salvar essa pessoa.

O sacrifício nos indica outro valor: o do sagrado. Ou seja, sagrado é aquilo pelo qual arriscaríamos nossa própria vida. Portanto, sacralizar o outro significa tornar sagrado o próximo.

Segundo Ferry, isso resolveria o problema de uma ética contemporânea. Pois, para ele, desse modo, daríamos valor ao próximo e nos comprometeríamos com ele de forma profunda, mesmo sem ter nenhuma explicação teórica para saber por que agimos assim.

André Comte-Sponville (1952-) estudou na Escola Normal Superior em Paris, foi professor de Filosofia e, por muito tempo, mestre de conferências na Universidade de Paris I (Panthéon-Sorbonne).

Luc Ferry (1951-) é formado em Filosofia pelas universidades de Sorbonne, na França, e de Heidelberg, na Alemanha, e fez seu doutorado em Ciência Política pela Universidade de Reims (França). Escreveu **A sabedoria dos modernos** (1998), em parceria com André Comte-Sponville, livro no qual expressam seus próprios pontos de vista sobre diversos temas filosóficos.

1. Segundo o filósofo Albert Camus, diante da situação de não conseguir fundamentar a moral, o ser humano deve:

   ☐ continuar pesquisando o fundamento da moral e adotar algumas regras morais enquanto não terminar esse projeto.

   ☐ utilizar o método de colocar tudo em dúvida, o que sobrar é verdadeiro.

   ☐ compreender com honestidade essa situação e ter a coragem de, por exemplo, amar, mesmo que não se consiga provar que é uma lei universal.

   ☐ Recolher vários tipos diferentes de moral e retirar desse conjunto aquilo que é mais essencial e verdadeiro.

   ☐ Não se importar com um assunto tão complicado e agir sem pensar nas consequências.

2. Sobre a moral ser verdadeira ou não, o que pensa o filósofo André Comte-Sponville?

   _____
   _____
   _____

3. O que significa, segundo Luc Ferry, "sacralizar o outro"?

   _____
   _____
   _____

4. Qual a relação entre sagrado e sacrifício?

   _____
   _____
   _____

5. Segundo Luc Ferry, é necessária uma teoria para aplicar a regra de "sacralizar o outro"? Por quê?

   _____
   _____
   _____

6. O que caracteriza os conflitos éticos?

_____
_____
_____
_____
_____
_____

7. Quando acontecem conflitos éticos?

_____
_____
_____
_____
_____
_____
_____
_____
_____
_____
_____

Jovens protestam contra guerra nas ruas de Nova York, Estados Unidos.

O que aprendemos?

- Uma questão importante abordada na ética contemporânea são os conflitos éticos: se cada povo tem uma moral, como resolver os problemas éticos?

- Albert Camus explica que o ser humano deve compreender profundamente sua situação, na qual não tem o poder de saber se sua moral é verdadeira.

- André Comte-Sponville explica que a moral não é boa porque é verdadeira, mas porque é válida.

- Luc Ferry afirma que sacralizar o outro significa tornar o próximo sagrado.

FILOSOFIA EM TODA PARTE

Muitas vezes, paramos para pensar sobre o que é certo ou errado. De alguma forma, sentimos em nosso íntimo o que é o correto a ser feito, ainda que não consigamos explicar.

Há momentos em que nos deixamos guiar somente pelos sentimentos. E há momentos nos quais ficamos paralisados de tanto pensar.

Em situação de conflitos éticos, cabe a quem julgar as decisões éticas, legais e culturais, por exemplo, de outros países? O que é aceitável para uma cultura pode não ser para outra?

Vários países não dispõem de leis que proíbem o uso de animais em testes para a fabricação de cosméticos e medicações. Leia a seguir um texto que pode ajudá-lo a pensar sobre isso.

Testes para cosméticos

O uso de animais para testes de cosméticos também incomoda ativistas, os cientistas também acreditam que tal procedimento não seja mais necessário. Na União Europeia, tanto a realização desses testes quanto a venda de qualquer produto que tenha sido testado em um animal são proibidos. Esse tipo de teste também é proibido em países como Israel e Índia.

Mas as leis são diferentes para cada país. Na China, por exemplo, não se vendem produtos cosméticos que não tenham sido testados em animais. Os chineses acreditam que essa é a forma mais segura de testar produtos antes do uso por parte dos homens. [...]

Pesquisadores ainda sugerem que testes com animais poderiam ser substituídos por simulações computacionais e bioinformática [...].

Grupo de ativistas italianos protesta contra experimentos científicos em animais. Milão, Itália. Maio de 2012.

MARTINS, Andréia. Teste em animais: pesquisadores e ativistas discordam em questões éticas da ciência. **Uol Vestibular**. 6 abr. 2013. Disponível em: <http://vestibular.uol.com.br/resumo-das-disciplinas/atualidades/teste-em-animais-a-etica-na-ciencia-e-os-testes-em-animais.htm>. Acesso em: 15 abr. 2016.

1. O uso de animais em testes é um bom exemplo de conflito ético.

   a) De acordo com o texto, qual a posição da União Europeia em relação a esse tema?

   _____
   _____
   _____

   b) Qual a posição da China?

   _____
   _____
   _____

2. Qual a sua opinião sobre o teste em animais?

   ☐ Sou a favor.   ☐ Sou contra.

   - Justifique sua resposta.

   _____
   _____
   _____
   _____

3. Você consegue pensar em outros exemplos de conflitos éticos? Escreva-os a seguir e converse com os colegas sobre o que lembrou.

   _____
   _____
   _____
   _____

Não é de espantar que...

... haja tantas questões envolvendo conflitos éticos? Ainda que filósofos contemporâneos definam a ética, hoje, de formas tão diferentes, os princípios não nos impedem de pensar de maneira prática.

SER filósofo para conhecer o valor da ética

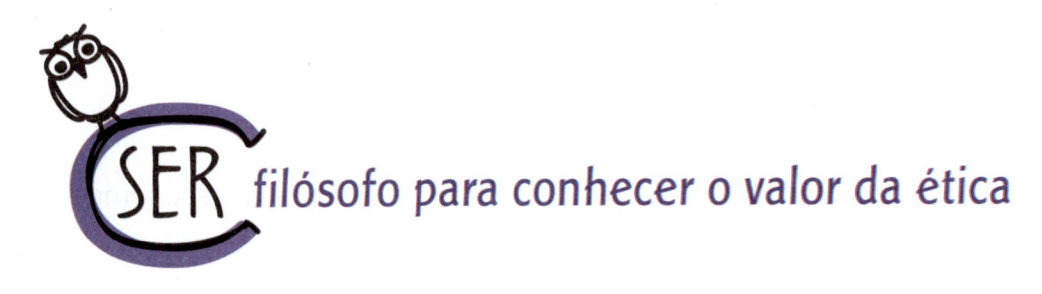

Como vimos, o filósofo André Comte-Sponville argumenta que, ainda que não saibamos o fundamento racional para nossa ética, mesmo assim ela tem muitíssimo valor.

A relação entre a verdade da ética e o seu valor é explicada com mais detalhes no texto abaixo, parte da obra chamada **Apresentação da Filosofia**.

Valor e verdade da ética

Será preciso um fundamento para legitimar essa moral? Não é necessário, nem tem de ser possível. [...] Um fundamento seria uma verdade inconteste, que viria garantir o valor dos nossos valores: isso nos permitiria demonstrar, inclusive àquele que não os compartilha, que temos razão e ele não. Mas, para tanto, seria preciso fundar a razão, o que não é possível. Que demonstração sem um princípio prévio que seria preciso demonstrar previamente? E que fundamento, tratando-se de valores, não pressupõe a própria moral que ele pretende fundar? Ao indivíduo que pusesse o egoísmo acima da generosidade, a mentira acima da sinceridade, a violência ou a crueldade acima da doçura ou da compaixão, como demonstrar que está errado e que importância daria ele a tal demonstração? A quem só pensa em si, que importa o pensamento? A quem só vive para si, que importa o universal? Quem não hesita em profanar a liberdade do outro, a dignidade do outro, por que respeitaria o princípio de não contradição? E por que, para combatê-lo, seria preciso ter primeiramente os meios para refutá-lo? O horror não se refuta. O mal não se refuta. Contra a violência, contra a crueldade, contra a barbárie, necessitamos menos de um fundamento do que de coragem. E diante de nós mesmos, menos de um fundamento do que de exigência e de fidelidade. Trata-se de não ser indigno do que a humanidade fez de cada um, e de todos nós. Por que precisaríamos, para tanto, de um fundamento ou de uma garantia? Como seriam eles possíveis? A vontade basta, e vale mais.

COMTE-SPONVILLE, André. **Apresentação da Filosofia**. São Paulo: Martins Fontes, 2002. p. 23-24.

1. Segundo o texto, é preciso ter um fundamento para legitimar a moral?

   _____
   _____
   _____
   _____

2. Releia o texto. O que podemos entender por **fundamento**?

   ☐ Uma verdade de tal maneira clara e evidente que é incontestável e todos podem aceitar.

   ☐ Uma verdade que é uma espécie de dogma que todos devem aceitar.

   ☐ Uma verdade que vale para um grande número de pessoas.

   ☐ Uma verdade que vale para a maioria das pessoas.

   ☐ Uma verdade que é relativa à cultura e à sociedade.

3. Para o autor, um indivíduo que pusesse o egoísmo acima da generosidade, a mentira acima da necessidade, a violência ou a crueldade acima da doçura ou da compaixão se importaria com o fundamento da moral?

   _____
   _____
   _____
   _____
   _____

Vamos analisar

- Você acredita que a moral que seguimos precisa ser verdadeira?
- Você concorda com André Comte-Sponville que não precisamos explicar o porquê de a moral ser verdadeira para segui-la?
- A moral segue regras que todos os seres humanos podem compreender e seguir? Ou será que a moral é uma convenção que criamos para conseguir viver em paz?

PENSE A RESPEITO

Vimos que um dos temas pensados pela Filosofia Contemporânea recai sobre os conflitos éticos. Estes ocorrem quando há dois tipos de moral diferentes em funcionamento, e aí, eventualmente, acaba acontecendo um fato que desencadeia a necessidade de saber quem está certo e quem está errado.

Mas o problema de um conflito ético é justamente este: nem sempre é fácil saber quem está certo e quem está errado. Vamos ler um texto que nos traz exatamente um desses conflitos?

As implicações éticas

Usar embriões congelados excedentes de tratamentos de fertilização ou obter células-tronco [aquelas células que podem se transformar em qualquer outra célula do corpo] a partir de clonagem terapêutica são duas soluções que a Biologia e a Medicina estão propondo para tentar chegar mais perto da cura de várias doenças. Ao mesmo tempo que gera esperança provoca também importantes questionamentos éticos, identificados pelos especialistas na área da Bioética. Quando são relatados os aspectos morais da manipulação do material biológico humano, várias perguntas ficam sem resposta: É moralmente válido produzir e utilizar embriões humanos para separar as suas células-tronco? A esperança das pessoas, traduzida na criação constante de novas terapêuticas, está acima da vida dos embriões que terão que ser produzidos para gerar as células-tronco? Nos países onde é permitida a clonagem terapêutica haverá a comercialização do tecido produzido em laboratório através do envio deste material para países onde a técnica é proibida?

Na opinião da médica psicanalista, pesquisadora em Bioética da Pós-graduação em Saúde da Criança e da Mulher do Instituto Fernandes Figueira da Fundação Oswaldo Cruz e Diretora

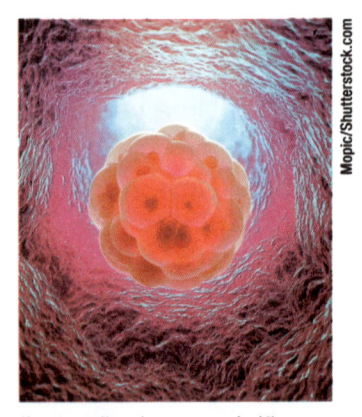

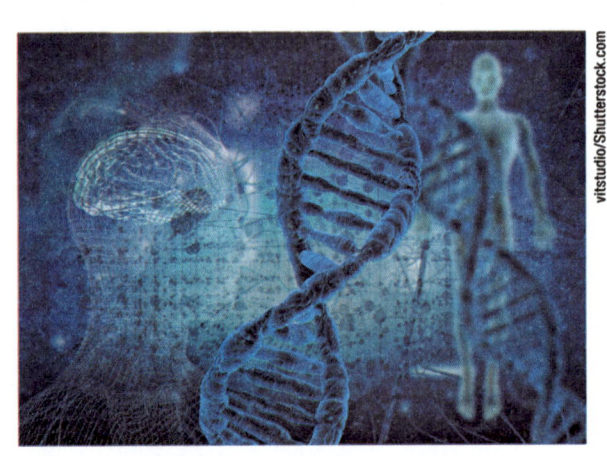

Ilustração de um embrião em desenvolvimento.

Representação artística da cadeia de DNA.

Executiva da Sociedade de Bioética do Estado do Rio de Janeiro — SB Rio, Prof. Dra. Marlene Braz, é importante ouvir tanto as argumentações ditas "conservadoras" quanto as denominadas "progressistas" para formar uma opinião sobre o que é certo e o que é errado na queda de braço entre os que se posicionam a favor e contra o uso de células-tronco embrionárias.

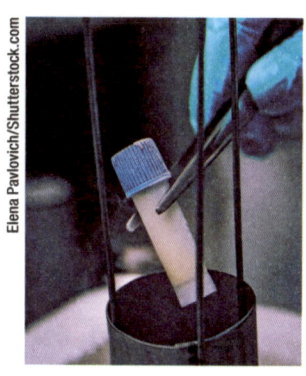

[...]

Quando perguntada a respeito da pertinência da discussão sobre qual é o início da vida, com a finalidade de saber se o embrião congelado teria o *status* de ser humano, Marlene reflete: "Sem dúvida o embrião é um ser vivo. Não é ainda pessoa, mas já é vivo", opina, ressaltando que "apesar desta discussão ser importante, não devemos esquecer aspectos também relevantes, como a ameaça do mercado de órgãos, os riscos de rejeição, entre outros".

[...]

MONTENEGRO, Karla Bernardo. Células-tronco. **Projeto Ghente**. Disponível em: <www.ghente.org/temas/celulas-tronco/discussao_etica.htm>. Acesso em: 18 abr. 2016.

Pesquisador segura tubo com células para criopreservação, processo no qual células são preservadas por meio de congelamento.

1. Qual o conflito moral existente na produção e utilização de embriões humanos para separar as suas células-tronco?

2. De acordo com o texto, qual a preocupação com o fato de alguns países permitirem a clonagem terapêutica e outros não?

3. Se usar embriões congelados excedentes de tratamentos de fertilização ou obter células-tronco a partir de clonagem terapêutica são duas soluções a que a Biologia e a Medicina podem chegar para se aproximarem da cura de várias doenças, por que, em sua opinião, há conflito ético?

DIÁLOGO FILOSÓFICO

Questões de conflitos éticos também existem na literatura.

A obra **O conde de Monte Cristo**, do aclamado escritor Alexandre Dumas, publicada na França, em capítulos, no **Jornal de Debates**, entre 1844 e 1846, narra a história do jovem marinheiro Edmond Dantès, o conde de Monte Cristo. Envolvido em uma intriga política, Dantès passa diversos anos encarcerado no Castelo de If, ignorando os motivos de sua prisão, até que o contato com outro prisioneiro, o abade Faria, abre seus olhos para a traição que havia sofrido, o que lhe desperta o desejo de vingança.

Vamos ler o trecho da história em que Dantès consegue escapar do cárcere.

Capítulo 11

A fuga

Passadas algumas semanas, o abade sofreu uma crise fatal.

Os carcereiros o enfiaram dentro de um saco e o deixaram no leito até a hora do enterro. Assim que saíram da cela, Dantès correu até a cela do amigo para ficar ao seu lado. Desesperado, o jovem se sentia profundamente só. A ideia de suicidar-se o assombrava. Mas a lembrança da amizade o ajudava. Dantès sabia que o abade lhe ensinara tudo o que sabia e ficaria decepcionado se desistisse de viver.

– A morte! Não vale a pena viver tantas coisas, aprender tanto para morrer! Não, quero viver, quero reconquistar a felicidade que me foi roubada. Quero punir meus inimigos. Agora, eles todos estão ocultos, mas saberei descobrir onde estão e minha vingança será impiedosa. Como escaparei daqui? Se não fizer nada, ficarei preso até meu último dia! Serei exatamente como o abade!

Assim que pronunciou essa frase, Dantès ficou imóvel, de olhos fixos. Aquelas palavras lhe deram uma ideia. Ele hesitou, depois levantou o manto que cobria o corpo do amigo. Ele o abriu e retirou de dentro do saco o corpo do abade, levou-o para sua cela, colocou-o na sua cama e o cobriu com cobertas, abraçou o amigo uma última vez, virou sua cabeça na direção da parede, para que o carcereiro pensasse que ele estava adormecido. Finalmente, regressou à cela do abade, enfiou-se no saco, fechou a abertura e ficou imóvel.

Dentro do saco, o jovem tentava manter a calma, enquanto aguardava que alguém viesse buscá-lo. Seu plano era o seguinte: depois de ter sido depositado sobre um túmulo no cemitério, ele seria coberto de terra. Quando a noite chegasse, a terra ainda estaria fofa e úmida, de modo que ele conseguiria fugir.

A noite caiu. Dantès ouviu passos. Era o carcereiro que viera buscar o cadáver. Dois homens entraram na cela, aproximaram-se da cama e apanharam o saco pelas duas extremidades. [...]

Os dois homens ergueram a maca e caminharam um pouco. Dantès ouviu o ruído do mar batendo nos rochedos. Repentinamente, os homens pararam.

– Vamos lá – disse um deles –, um, dois, três e já!

Ao mesmo tempo, Dantès sentiu como se fosse jogado no vazio e estivesse atravessando o ar como um pássaro ferido. Depois, caiu e caiu, até que seu corpo, com um barulho assustador, rasgasse as águas geladas como uma flecha.

O jovem fora jogado ao fundo do mar, amarrado a uma bola de ferro pesando dezoito quilos. O mar era o cemitério do Castelo de If.

DUMAS, Alexandre. **O conde de Monte Cristo**. Tradução e adaptação: Heloisa Prieto. São Paulo: FTD, 2014. p. 101-103.

- A questão que envolve Dantès diz respeito à injustiça dos homens que o envolveram em uma falsa conspiração política, resultando na sua condenação e no seu posterior desejo de vingança. Discuta com seus colegas:

    a) Eticamente, podemos afirmar que Dantès estava certo em desejar a vingança?

    b) É fácil resolver um conflito ético quando os lados têm muito a perder?

SE É ASSIM, ENTÃO...

- Reveja o pensamento dos filósofos que estudamos nesta unidade e escreva as iniciais de seus nomes em seus respectivos pensamentos.

Albert Camus. (AC)

André Comte-Sponville. (ACS)

Luc Ferry. (LF)

☐ É preciso "sacralizar o outro".

☐ Não é necessário que tenhamos certeza de que nosso valor moral seja verdadeiro para que ele seja importante.

☐ A moral não é boa porque é verdadeira.

... POSSO DIZER QUE

- Escreva uma frase que sintetize o que você aprendeu sobre ética e conflitos éticos no mundo atual.

_____
_____
_____
_____
_____

GRANDES PENSADORES

O filósofo francês Albert Camus (1913-1960) foi um renomado intelectual de sua época. Aos 25 anos, mudou-se para Paris, na França, onde se envolveu com política. Apesar de ser considerado um dos filósofos contemporâneos mais importantes, Camus não procurou fazer Filosofia como, por exemplo, Aristóteles fazia.

Em suas obras, buscou explicar que, para o mundo fazer sentido, é preciso dar sentido a ele. É imperativo, ou seja, é um dever do ser humano não sucumbir quando não consegue encontrar um sentido, quando não encontra uma moral verdadeira; é preciso dar sentido ao mundo, à vida, à moral e às nossas relações com as pessoas. E é preciso lidar com isso de forma corajosa.

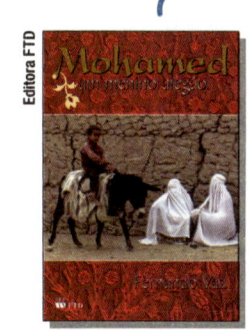

VAMOS LER?

Mohamed, um menino afegão,
de Fernando Vaz. São Paulo: FTD, 2002.

O livro mostra o caminho que um garoto fez de Cabul, capital do Afeganistão, a Peshawar, no Paquistão. Em busca de seu pai, desaparecido na guerra, o garoto conta apenas com a companhia de Jahad. Essa emocionante narrativa apresenta-nos o cenário afegão, com sua gente, e a visão de um menino que luta para sobreviver e compreender a irracionalidade da guerra.

Qualquer coisa,
de Fernando Bonassi. São Paulo: FTD, 2014.

O livro contém uma série de contos do escritor e cineasta Fernando Bonassi. Nesses contos, o escritor nos mostra nossos vícios e virtudes, pudores e despudores, amores e paixões, fazendo-nos pensar nas diferentes faces que formam as relações éticas.

UNIDADE 3

VIVER COM SABEDORIA

Nesta unidade, estudaremos:
- como a Filosofia Contemporânea, de modo geral, pensa a sabedoria;
- o conceito de eterno retorno e amor *fati* em Nietzsche;
- a sabedoria do ceticismo em Montaigne.

Vamos começar

- Observe a imagem. Você acredita que sempre é possível vencer?
- Você já desejou muito uma coisa a ponto de lutar com todas as suas forças por ela?
- Para você, a esperança nos ajuda a seguir em frente? Por quê?

Gratidão, esperança e amor

João voltou para casa entusiasmado. No caminho, foi elaborando mentalmente seu texto. Ao chegar, escreveu todo o discurso. Começou e foi direto. Depois cortaria as palavras, como dissera o professor Joaquim, e lapidaria sua joia: o texto, o que deveria ser dito para tocar e mover as pessoas.

João queria que seu destino fosse o de melhorar o mundo. Primeiro, o mundo em que vivia. A vida de sua mãe e de sua irmã. O pai de João havia abandonado a família quando os filhos ainda eram pequenos. Sua mãe assumira toda a responsabilidade pela casa, pelo bem-estar dos filhos e pela educação deles. Mas estava feliz. Seus filhos cresciam bem e lhe davam muito orgulho.

Na semana seguinte, depois de lapidar bem seu texto, João foi mostrar o discurso ao professor Joaquim.

– Já está pronto?

– Pronto para ser melhorado – disse, rindo, João.

– Quer ler para mim?

– Sim.

E João leu o texto. O professor Joaquim ouviu, atentamente, percebendo as expressões do menino. Suas emoções. Tão pouca idade e uma vida tão intensa! Cheio de autonomia, responsabilidade, amor à própria história. O professor ouvia o discurso enquanto lia no rosto de João o que o levou a escrever aquele texto.

– Está muito bonito, filho. Muito bonito.

– Já tive algumas ideias para melhorar enquanto lia em voz alta. Algumas palavras foram centrais, como gratidão, esperança e amor. O que achou?

> Para você, é possível mudar o mundo sem antes compreendê-lo?

– Achei muito bom.

– Tudo o que coloquei sobre gratidão, eu falo do passado, do que fizeram por nós. A esperança somos nós, o que faremos com o que recebemos. Como será o nosso destino. O diploma é o nosso troféu. Galgamos um monte de possibilidades.

– E o amor, filho?

– O amor, professor, está no passado, no presente e no futuro. Sem amor, a vida perde seu significado.

– Posso dar algumas sugestões?

– Claro, professor.

E Joaquim começou a sugerir alguns cortes de palavras, alguns períodos mais curtos.

Pensaram juntos em um final poético.

O discurso estava pronto! Pelo menos por ora.

*

Mesmo preocupados em deixar suas famílias, João e Taís aproveitaram e muito a viagem ao Rio de Janeiro.

– São dois dias. Apenas o fim de semana – foi o que Maria e Ana disseram aos seus filhos.

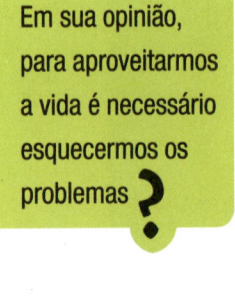

> Em sua opinião, para aproveitarmos a vida é necessário esquecermos os problemas?

No ônibus, já foi uma festa. Os três professores e os trinta e três alunos não cabiam em si de tanta ansiedade. Foram cantando, conversando, dormindo.

João veria o mar pela primeira vez. Taís já tinha ido e contado a beleza que era. Os professores organizaram, com eles, os dois dias. Na verdade, praticamente um só, porque tinha o tempo de estrada. Iriam à praia, ao Pão de Açúcar, à Floresta da Tijuca, ao Jardim Botânico e ao Cristo Redentor. Ah, iriam assistir também a um musical: **Os miseráveis**.

Taís e João se olhavam, **felizes**. Ela, a líder da turma. Ele, o aluno que iria expressar em palavras o que sentiam. As dores ficaram para trás. Era hora de viver a celebração da amizade em uma das cidades mais bonitas do mundo.

Você acredita que é possível ser feliz mesmo diante de muitos conflitos?

A HISTÓRIA CONTINUA...

VER a adversidade

Ilhado, urso-polar tenta se equilibrar em um pedaço de gelo.

[...] todos viemos ao mundo cheios de pretensões de felicidade e prazer e conservamos a insensata esperança de fazê-las valer, até o momento em que o destino nos aferra bruscamente e nos mostra que nada é nosso, mas tudo é dele, uma vez que ele detém um direito incontestável não apenas sobre nossas posses e nossos ganhos, mas também sobre nossos braços e nossas pernas, nossos olhos e nossos ouvidos, e até mesmo sobre nosso nariz no centro do rosto.

Arthur Schopenhauer,
em **A arte de ser feliz: exposta em 50 máximas.**

1. Observe a imagem da página ao lado. Se fosse possível descrever o sentimento do urso-polar, como você o representaria? Justifique sua resposta.

   a) De felicidade completa, pois _____
   _____.

   b) De felicidade parcial, pois _____
   _____.

   c) De tristeza completa, pois _____
   _____.

   d) De tristeza parcial, pois _____
   _____.

   e) Outra descrição: _____
   _____.

2. Pensando no contexto da imagem, se você estivesse no lugar do urso-polar, que tipo de esperança poderia sentir diante dessa realidade?
   _____
   _____

3. Por que para o filósofo Arthur Schopenhauer a esperança é insensata?
   _____
   _____

4. Levando em consideração a reflexão de Schopenhauer, que outras situações poderiam afetar a vida do urso-polar e o levar a sofrer mais?
   _____
   _____

5. Em sua opinião, a partir da frase de Schopenhauer, seria destino do urso-polar viver em um *habitat* comprometido? Por quê?
   _____
   _____
   _____

VAMOS PENSAR MELHOR

1. Ao ler seu discurso ao professor Joaquim, João diz que citou três palavras que considera muito importantes. Quais são elas?
   _____
   _____

2. Quais são as razões apresentadas por João para justificar a escolha de cada uma dessas palavras que representam valores?
   _____
   _____
   _____
   _____
   _____
   _____

3. Para você, a esperança de que João fala é a mesma que Schopenhauer comenta na citação?
   _____
   _____
   _____

4. João está preocupado em escrever um discurso que inspire os formandos a fazerem algo que melhore não só a vida deles, mas também a das pessoas que os cercam. Muitas vezes, costumamos nos referir a esse esforço de melhoria como "mudar o mundo". Mas o que precisa ser mudado? Tudo deve ser mudado? Classifique as situações a seguir conforme os indicadores abaixo.

   Uma mudança.   Um progresso.   Um retrocesso.

   a) João trocou de roupa. _____.

   b) Foi construída uma nova estação de metrô na cidade. _____.

c) Foi construído um novo *shopping* na cidade. _____.

d) Uma espécie de animal é extinta por causas naturais. _____.

e) O ex-professor de João corrige a redação de discurso. _____.

f) O pai de João completa 59 anos. _____.

g) A biblioteca da cidade foi desapropriada para dar lugar a um estacionamento. _____.

h) A escola de João começa a ter aulas de música. _____.

i) João decidiu aproveitar as férias para trabalhar em seu discurso. _____.

5. Pensando um pouco mais no sentimento de esperança, quais, das situações abaixo, têm mais ou menos chance de frustração?

   a) Sem estudar, o colega de João espera ir bem na prova.

   _____
   _____

   b) Após ler, reler e revisar seu discurso, João espera que corra tudo bem.

   _____
   _____
   _____

   c) Marina espera ser completamente feliz, sem perdas nem problemas na vida.

   _____
   _____
   _____

   d) Taís espera, depois de ajudar sua mãe no trabalho, poder passear com ela.

   _____
   _____
   _____

63

CONHECER uma possível forma de sabedoria

O caminho ideal para viver uma existência sábia tem sido discutido ao longo de muitos anos. Se voltarmos no tempo para entendermos como, na história da Filosofia, esse caminho foi traçado, recuperaremos que, na Filosofia Antiga, era sinal de sabedoria viver de acordo com a harmonia do cosmos. Para muitos filósofos antigos, de alguma forma, a vida fazia sentido dentro do lugar/espaço onde os seres humanos viviam.

Já para os filósofos cristãos, na Filosofia Medieval, o sentido de sabedoria estava na figura central de um Deus pessoal, que com sapiência nos conhecia, nos amava e cuidava de nosso destino. Na Filosofia Moderna, coube ao próprio ser humano buscar viver sabiamente, definindo um sentido para a sua vida de acordo com as regras da razão natural que já possui. E o que os filósofos contemporâneos nos dizem sobre viver sabiamente?

Em geral, a Filosofia Contemporânea vai pôr em dúvida se nossa razão, sozinha, pode realmente nos indicar o caminho para viver sabiamente. Isso não quer dizer que essa forma de pensar tenha abandonado a busca pela sabedoria. Ao contrário, uma parte dos pensadores contemporâneos procurou (e tem procurado) compreender o que seria viver sabiamente mesmo com todas as limitações humanas.

Um exemplo é o filósofo alemão Friedrich Nietzsche (1844-1900), com a ideia de **eterno retorno**.

Nietzsche sugere que, para vivermos sabiamente, é necessário, antes de tomarmos qualquer atitude, perguntar-nos: "Desejo fazer isso infinitas vezes?". Se a resposta for sim, podemos ir adiante. Para o filósofo, devemos escolher viver o tipo de vida que sempre desejamos, mantendo a coerência em nossas escolhas.

Nessa linha de pensamento, aquele que consegue viver bem é quem existe no instante, no presente, em cada escolha, sem pensar no passado ou no futuro. É quem vive como se já estivesse dentro da eternidade.

Essa ideia se relaciona a um conceito antigo, mas muito atual, que Nietzsche também utilizou: o de **amor *fati***. Esse conceito nos propõe que aceitemos literalmente o destino, desejando viver o aqui e agora – sem remorso em relação ao passado, sem ilusão em relação ao futuro.

Mas qual a ligação entre o eterno retorno e o amor *fati*?

Segundo Nietzsche, se escolhemos viver aquilo que desejamos fazer e refazer infinitas vezes, então devemos amar o nosso destino. Se estamos conscientes de nossas ações, podemos esquecer sentimentos, como: "Eu deveria ter agido de modo diferente no passado" e "Eu não deveria, no futuro, fazer outra escolha?". Quando nos libertamos do peso do passado e do futuro, alcançamos tranquilidade para vivermos o presente.

Michel de Montaigne nasceu no *château* de sua família, perto de Bordeaux, França, em 1533. Filósofo do século XVI, seus **Ensaios**, além de se tornarem clássicos universais da literatura, estão entre as obras fundadoras da Filosofia Moderna. Faleceu em 1592, em Bordeaux, França.

Apesar de ser uma reflexão bastante contemporânea, essa forma de pensar a vida já aparecia nas reflexões do filósofo francês **Michel de Montaigne**, no século XVI. Por meio do **ceticismo**, Filosofia antiga que, de forma geral, considera que não podemos ter certeza de nossos conhecimentos, Montaigne instaurou um curioso método para conquistar uma vida sábia.

Montaigne acreditava que, comparado ao Universo, o ser humano é insignificante. Então, é preciso que estejamos sempre conscientes dessa insignificância, pois é isso que nos prepara para uma tranquilidade de ânimo e prudência em todas as coisas. Ou seja, compreender nossa insignificância e nossas limitações nos protege de acharmos que somos melhores, do ponto de vista moral e intelectual, do que realmente somos. Ao entendermos com profundidade nossas limitações, ficamos mais tranquilos.

Em sua reflexão, Montaigne procura eliminar a intranquilidade e explicar que é preciso considerar todas as coisas do mundo como passageiras. Isso nos dá lucidez para sermos mais humildes e, possivelmente, mais felizes no presente.

Uma forma de viver sabiamente, portanto, é desejar nada além do que temos aqui e agora. Assim, devemos esperar um pouco menos, lamentar menos e, principalmente, amar mais.

Ser sábio para alguns filósofos contemporâneos é nunca pensar em como a vida poderia ser ou como ela será: é aceitá-la como ela é agora!

1. Quais critérios a Filosofia Contemporânea não utiliza para pensar a sabedoria?

   _____
   _____

2. De que maneira o conceito de eterno retorno funciona como um guia moral para nossas ações? Assinale a resposta correta.

   ☐ Quando retornamos ao passado, para pensarmos melhor ações presentes.

   ☐ Quando, ao tomarmos uma decisão, consideramos segui-la infinitamente.

   ☐ Quando nos perguntamos: "Todos agiriam dessa maneira?".

   ☐ Quando projetamos o futuro, na esperança de encontrarmos saídas.

3. Como devemos viver nossa vida segundo o amor *fati*?

   _____
   _____

4. De que maneira o ceticismo de Montaigne pode contribuir para uma vida mais sábia?

   ☐ Ao ajudar-nos a compreender nossas limitações.

   ☐ Ao ajudar-nos a confiar somente em nossa razão.

   ☐ Ao ajudar-nos a seguir a nossa fé.

   ☐ Não pode nos ajudar muito, visto que duvida de tudo.

5. Em dupla, discutam: A esperança nos ajuda a viver o amor *fati*? Por quê?

O que aprendemos?

- A Filosofia Contemporânea vai tentar buscar uma sabedoria sem utilizar o cosmos, Deus ou a razão.
- A ideia de eterno retorno funciona como uma espécie de critério moral. Cada vez que formos fazer algo devemos nos perguntar: "Gostaria de fazer isso para sempre?".
- O amor *fati* nos ensina a aceitar a imperfeição da vida e a amar o destino como ele é.
- O ceticismo de Montaigne nos auxilia a sermos mais conscientes de nossas limitações, ajudando-nos a aceitar e a viver com mais paz de espírito.

FILOSOFIA EM TODA PARTE

(Língua Portuguesa)

O conceito de amor *fati* é um tema bastante questionado.

Há outros filósofos contemporâneos que põem em dúvida essa ideia, direta ou indiretamente. O filósofo alemão Theodor Adorno (1903-1969), por exemplo, é um deles. Adorno questionou como seria possível amar o mundo como ele é, mesmo depois de passarmos por terríveis tragédias, como as grandes guerras.

Mas Nietzsche pensava além das mazelas da humanidade. Ele queria, na verdade, viver o presente de forma consciente. O poeta romano **Horácio**, muito antes de Nietzsche, também se sentiu inspirado por essa ideia de viver o presente e apresentou em uma de suas mais famosas odes a importância de se aproveitar o momento, sem pensar no passado ou no futuro.

Nessa ode, Horácio sugere à personagem Leocônoe que ela aproveite o momento presente e dele retire todas as suas alegrias, sem se preocupar com o futuro.

A expressão latina de Horácio que descreve essa não preocupação com o passado ou com o porvir é *carpe diem*. Você a conhece? Ela é amplamente divulgada até os dias de hoje.

Vamos ler, a seguir, uma história que explica bem esse conceito que o poeta latino explorou em sua conhecida ode.

Horácio nasceu em Venosa, Itália, em 65 a.C. Conhecido como um dos mais importantes poetas da Roma antiga, foi poeta lírico e satírico. Faleceu em Roma, Itália, em 8 a.C.

"*Carpe diem*: Aproveite o dia"

Horácio

Josi, Leo e os demais alunos de sua sala fazem um piquenique à sombra dos pinheiros e das árvores à beira do lago. Josi se deitou na grama entre muitas azaleias em flor e contempla na água o reflexo das montanhas ao redor. Quanto a Leo, ele se aproximou de um dos riachos que alimentam o lago para encher seu cantil com água fresca e molhar os colegas. Josi não pensa em nada a não ser no sol que se reflete nas pedras, no rumor do riacho perto dela, na superfície do lago levemente enrugada pelo vento sul. Não pensa nem no amanhã nem no depois de amanhã, nem mesmo nas férias, que começam dentro de uma semana, e menos ainda na volta às aulas, em agosto, ou na cirurgia de sua tia, que está com uma doença grave. Ela afastou suas esperanças e seus temores com as costas da mão e aproveita apenas o instante presente: o piquenique no parque, organizado pelo Sr. Alombon. Desfruta do momento privilegiado com os colegas de turma sem se perguntar de que será feito o amanhã.

BOIZARD, Sophie. **Grandes filósofos falam a pequenos filósofos**. São Paulo: FTD, 2015. p. 47.

1. Assinale por que o filósofo Adorno critica o conceito de amor *fati*.

   ☐ Porque as forças da violência sempre irão prevalecer.

   ☐ Porque não podemos amar o mundo tal como ele é diante de uma tragédia.

   ☐ Porque não conseguimos distinguir com certeza entre o certo e o errado.

   ☐ Porque não devemos julgar culturas diferentes cujo senso moral é distinto do nosso.

2. Josi, apesar dos problemas, não pensava em nada. Para aproveitar o tempo presente, ela precisou tomar algumas ações. Retire do texto o fragmento que evidencia isso.

   _____

   _____

3. Descreva, com suas palavras, o que significa *carpe diem*.

   _____

   _____

Não é de espantar que...

... seja preciso ser muito sábio para saber distinguir o que podemos mudar em nós e no mundo e o que não podemos mudar? Viver em equilíbrio, sem tristeza diante do que não podemos fazer, sem ansiedade ou irritação diante do que não conseguimos realizar, é, em parte, essencial para conseguirmos viver bem, aproveitando o tempo presente.

SER sábio, esperar menos e amar mais

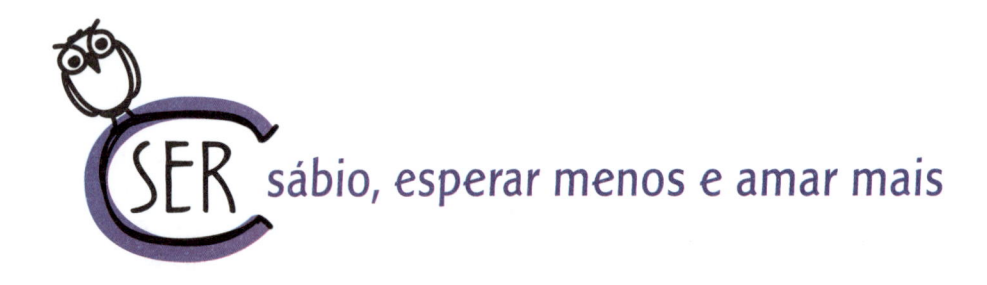

Nietzsche, ao refletir sobre o eterno retorno e o amor *fati*, pensava além das mazelas da humanidade. Ele queria com esses conceitos, na verdade, mostrar a importância de viver o presente, sendo alguém que diz muito mais **sim** que **não**. Leia a seguir um fragmento do autor sobre o tema.

> Quero cada vez mais aprender a ver como belo aquilo que é necessário nas coisas. Amor-*fati*: seja este, doravante, o meu amor! Não quero fazer guerra ao que é feio. Não quero acusar, não quero nem mesmo acusar os acusadores. Que minha única negação seja desviar o olhar! E, tudo somado e em suma: quero ser, algum dia, apenas alguém que diz: Sim!
>
> NIETZSCHE, Friedrich. **A gaia ciência**. §276. São Paulo: Companhia das Letras, 2012.

Nesse mesmo sentido, o filósofo francês André Comte-Sponville explorou em sua obra **A felicidade, desesperadamente** como a esperança, em alguns casos, pode nos atrapalhar viver o tempo presente. Nessa obra, o autor explica que a palavra **desespero**, se tomada no sentido estrito, quer dizer "sem esperança" e argumenta que o fato de termos esperança, muitas vezes, é o que nos faz sofrer, porque sempre esperamos que as coisas sejam diferentes, e essa expectativa nos fere porque, para ele, invariavelmente ela não se cumpre.

Vamos ler um trecho dessa obra?

> [...] Porque o sábio (o sábio que não sou, é bom esclarecer, e que sem dúvida ninguém aqui pretende ser; mas, como diziam os estoicos, se você quer avançar, precisa saber aonde vai; digamos que a sabedoria é a meta que fixamos para nós, como uma ideia reguladora, para tentar avançar...), o sábio, dizia eu, não tem mais nada a esperar/aguardar, nem a esperar/ter esperança. Por ser plenamente feliz, não lhe falta nada. E, porque não lhe falta nada, é plenamente feliz.
>
> COMTE-SPONVILLE, André. **A felicidade, desesperadamente**. São Paulo: Martins Fontes, 2001. p. 67.

Para ficar livre das expectativas, para ser feliz e viver sabiamente, segundo Nietzsche e Comte-Sponville é preciso, portanto, ter menos desejos e menos esperança para poder aproveitar e fruir do presente, daquilo que já temos.

1. A partir da leitura do primeiro trecho, descreva com suas palavras o que Nietzsche deseja aprender.

   _____
   _____
   _____

2. O filósofo Comte-Sponville se considera um sábio? Retire do texto uma passagem que comprove sua resposta.

   _____
   _____
   _____

3. Para Comte-Sponville, a sabedoria é uma meta que nos ajuda a avançar, a evoluir. Discuta com seus colegas se, para encontrar a sabedoria, é, de fato, necessário focar apenas na vida presente. Justifique sua resposta.

   _____
   _____
   _____
   _____
   _____
   _____
   _____

Vamos analisar

- Você concorda que a esperança pode ser causa de sofrimento? Por quê?
- Que tipo de esperança pode ser boa?
- Mesmo que você não concorde com os filósofos estudados, que ideias você poderia aproveitar dos textos deles?

PENSE A RESPEITO

Exemplos reais podem nos mostrar que, mesmo diante de cenários muito difíceis e trágicos, há atos de bondade e caridade que fazem a diferença. São pessoas que superam as imperfeições do mundo e tentam diminuir a crueldade e a ignorância presentes nele. É o caso de **Malala Yousafzai**, uma menina que desafiou radicais do Talibã por querer estudar e quase pagou com a vida por isso. Malala ganhou o Prêmio Nobel da Paz em 2014 e se tornou símbolo da luta pela liberdade e pelos direitos da mulher e das crianças.

Vamos ler um fragmento da transcrição de seu discurso, realizado em 2013, durante a reunião dos jovens líderes na Organização das Nações Unidas (ONU).

Malala Yousafzai nasceu em Mingora, vale de Swat, Paquistão, em 1997. Em 2012, ela foi perseguida pelo Talibã e atingida por um tiro na cabeça quando voltava da escola. Sobreviveu e iniciou uma campanha ao redor do mundo a favor da educação. Foi a pessoa mais nova a ser laureada com um Prêmio Nobel da Paz, aos 17 anos.

[...] Queridos irmãos e irmãs, nós percebemos a importância da luz quando vemos a escuridão. Percebemos a importância da nossa voz quando somos silenciados. Da mesma forma, quando estávamos em Swat, no norte do Paquistão, percebemos a importância de canetas e livros quando vimos armas. O sábio ditado que diz "A caneta é mais poderosa que a espada" é verdadeiro. Os extremistas têm medo dos livros e das canetas. O poder da educação os assusta e eles têm medo das mulheres. O poder da voz das mulheres os apavora. [...]

Queridos irmãos e irmãs, queremos escolas e educação para o futuro brilhante de todas as crianças. Vamos continuar a nossa jornada para o nosso destino de paz e educação. Ninguém pode nos parar. Vamos falar de nossos direitos e vamos trazer a mudança para nossa voz. Nós acreditamos no poder e na força de nossas palavras. Nossas palavras podem mudar o mundo inteiro porque nós estamos todos juntos, unidos pela causa da educação. E se nós queremos atingir nosso objetivo, então vamos nos fortalecer com a arma do conhecimento e vamos nos proteger com a unidade e união.

Queridos irmãos e irmãs, nós não podemos nos esquecer de que milhões de pessoas estão sofrendo com a pobreza, a injustiça e a ignorância. Nós não devemos nos esquecer de que milhões de crianças estão fora da escola. Nós não devemos esquecer que nossos irmãos e irmãs estão esperando por um futuro brilhante e pacífico.

Deixem-nos, portanto, travar uma luta gloriosa contra o analfabetismo, a pobreza e o terrorismo. Deixem-nos pegar nossos livros e canetas porque estas são as nossas armas mais poderosas. Uma criança, um professor, um livro e uma caneta podem mudar o mundo.

A educação é a única solução. Educação antes de tudo.

Obrigada.

Malala discursa na Assembleia Geral da ONU, em 12 de julho de 2013, Nova York (EUA).

YOUSAFZAI, Malala. Transcrição do discurso apresentado na Assembleia Geral da ONU, 12 de julho 2013. IKMR. Disponível em: <www.ikmr.org.br/dia-malala-discurso-onu/>. Acesso em: 14 abr. 2016.

1. O que Malala defende em seu discurso?
___
___

2. De acordo com o discurso de Malala, quais foram as **adversidades que a fizeram compreender sua luta**?
___
___

3. Em sua opinião, Malala segue o conceito de amor *fati*?
___
___
___
___
___

DIÁLOGO FILOSÓFICO

O conceito de eterno retorno e o de amor *fati* podem ser sábios e louváveis. Mas, como muitos conceitos filosóficos, estão sujeitos a críticas.

Há uma história da tradição hindu que ilustra alguns dos dilemas que envolvem esses conceitos. A história a seguir tem origem no último canto do **Mahabharata**, importante livro do Hinduísmo. Ele narra uma guerra entre Pandavas e Kauravas, duas famílias com parentesco muito próximos, pela posse de um reino no norte da Índia. Ao fim da batalha, vencida pelos Pandavas graças aos conselhos do deus Krishna, este resolveu desviar seu caminho para encontrar Utanka, um sábio eremita. Leia o diálogo entre o sábio e o deus Krishna.

As nuvens de Utanka

[...]

– E então? Teve sucesso na sua missão? Os Pandavas e seus primos, graças a você, vivem em paz?

– Você não está a par? – disse-lhe Krishna, que parecia surpreso.

– A par de quê?

– Nós tivemos uma guerra!

– Guerra?

– Uma guerra terrível, espantosa. Dizem que houve mais de cento e sessenta milhões de mortos. Foram lançadas armas devastadoras. Centenas de reis estão estendidos por terra. O universo inteiro foi atingido por um perigo mortal.

– Cento e sessenta milhões de mortos! – espantou-se Utanka. – E você não impediu esse massacre!

– Nem a inteligência, nem o trabalho, nem o poder do espírito podem mudar o destino. Você bem o sabe, ó grande sábio.

O rosto de Utanka pareceu de repente ficar ruborizado de cólera. Ele gritou:

– O quê! Você nada fez para impedir todas essas mortes! [...]

– Eu desejava a vitória dos Pandavas – disse Krishna – porque sou desses que defendem a vida contra a destruição. Essa vitória, fiz todo o possível para conquistá-la. Não recuei diante de nada, pois colocava aquilo que defendia acima de tudo o mais. Mas nunca desejei a guerra.

– Você está mentindo! – gritou Utanka, fora de si. – Você mente mais uma vez. E agora vou amaldiçoá-lo!

O eremita levantou o braço e abriu a boca para lançar sua maldição. E a força da sua maldição fazia tremer todas as criaturas.

Krishna, alarmado, recuou alguns passos e disse a Utanka:

– Pare! Escute! Vai cometer o erro mais grave de sua vida!

O eremita deixou sua fúria em suspenso por um momento. [...]

Então, Krishna, mantendo-se imóvel no meio do deserto, os olhos semicerrados e a boca entreaberta, mostrou a Utanka sua forma universal. Utanka viu todas as criaturas em uma criatura, viu o silêncio e a luz, a morte e a vida, viu as reviravoltas incompreensíveis do tempo, viu todos os mundos em um ponto.

– Estou maravilhado – disse o eremita caindo de joelhos sobre a terra seca. – Estou maravilhado e apaziguado. Eu lhe agradeço. [...]

CARRÈRE, Jean-Claude. **O círculo dos mentirosos**: contos filosóficos do mundo inteiro. 2. ed. São Paulo: Códex, 2004. p. 64-66.

> **Informe-se!**
>
> Krishna, provavelmente, é uma das divindades mais veneradas do Hinduísmo na Índia. Há inúmeras lendas a seu respeito, e seus ensinamentos, entre outras coisas, reforçam a importância da renúncia e do desapego. Nessa história, ao mostrar ao sábio todas as coisas que foram, que são e que irão ser, Krishna dá a entender que mesmo o mal, a morte e as doenças, por exemplo, fazem parte de uma grande manifestação de ordem no cosmos. Por isso, segundo a tradição hindu, é preciso aceitar todas as coisas como elas são.

- Em grupos, discutam:

    a) Qual é a sua opinião sobre o conceito de eterno retorno e amor *fati*?

    b) Considerar que tudo no Universo está em ordem, como é mostrado na história, nos impede de combater o mal? Justifique.

    c) Devemos aceitar o mundo tal como ele é ou é necessário tentar transformá-lo?

SE É ASSIM, ENTÃO...

- Ordene as palavras das frases a seguir.

   a) isso infinitas fazer Desejo vezes?
   _____
   _____

   b) nossa protege e nossas presunções nos insignificância de morais e Compreender limitações intelectuais.
   _____
   _____
   _____

   c) libertamos Quando alcançamos passado nos do peso serenidade. do e do futuro, a
   _____
   _____

   d) apenas algum alguém Sim! ser, dia, que diz: Quero
   _____
   _____

   e) espada. poderosa caneta A é mais que a
   _____
   _____

... POSSO DIZER QUE

- Leia as frases e escreva a que/quem elas se referem.

   a) Devemos amar o nosso destino. _____

   b) Filósofo do século XVII que usou o ceticismo como forma de sabedoria de vida. _____

   c) Desejo fazer isso infinitas vezes? _____

   d) Capacidade de saber viver com paz de espírito. _____

GRANDES PENSADORES

Michel de Montaigne (1533-1592) foi muito popular em sua época. A apresentação que realizou dos argumentos e princípios básicos do ceticismo antigo serviu como base para a discussão sobre o ceticismo nos séculos XVI e XVII. Além de grande prestígio intelectual, teve prestígio como político. Sua principal obra chama-se **Ensaios** e foi publicada pela primeira vez em 1580. Seus ensaios influenciaram diversos intelectuais contemporâneos, como o filósofo e antropólogo belga Claude Lévi-Strauss (1908-2009) e o crítico literário norte-americano Harold Bloom (1930-). Considera-se Montaigne o criador do gênero literário conhecido como ensaio.

VAMOS LER E ASSISTIR?

A coragem de Leo,
de Sonia Barros. São Paulo: FTD, 2014.

Leonardo, o protagonista, é filho adotivo. Seus pais o conheceram e o adotaram ao visitar um orfanato, quando o menino tinha três anos. Depois de um conflito vivido em sala de aula, ao ter de fazer um trabalho sobre ascendência familiar, ele sente vontade de visitar o orfanato. O livro trata da busca da paz, ainda que na adversidade.

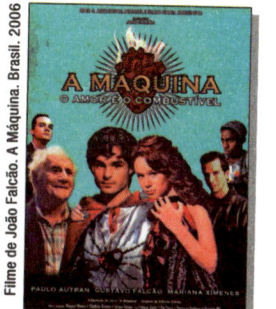

A máquina: o amor é o combustível.
Direção: João Falcão. Brasil: Globo Filmes / Diler & Associados / Miravista, 2006. DVD (89 min).

O filme conta a história de Antônio, um rapaz morador de uma cidade que, de tão pequena, não consta no mapa. Pouco a pouco, os moradores de sua cidade vão deixando o local para buscar o mundo. Quando Karina (a jovem por quem Antônio é apaixonado) decide ir embora, ele resolve construir uma máquina do tempo para ir até o futuro e trazer o mundo até sua amada. O filme nos permite compreender a realidade que nos cerca e suas limitações, tentando buscar alternativas ao mesmo tempo que se tenta amar aquilo que se tem.

UNIDADE 4

IGUALDADE NA DIVERSIDADE

Markus Mainka/Shutterstock.com

Nesta unidade, estudaremos:

- a relação entre tolerância e diversidade;
- a importância da democracia como espaço para a diversidade;
- a importância da tradição conforme Edmund Burke;
- os perigos do totalitarismo e o conceito de política segundo Hannah Arendt.

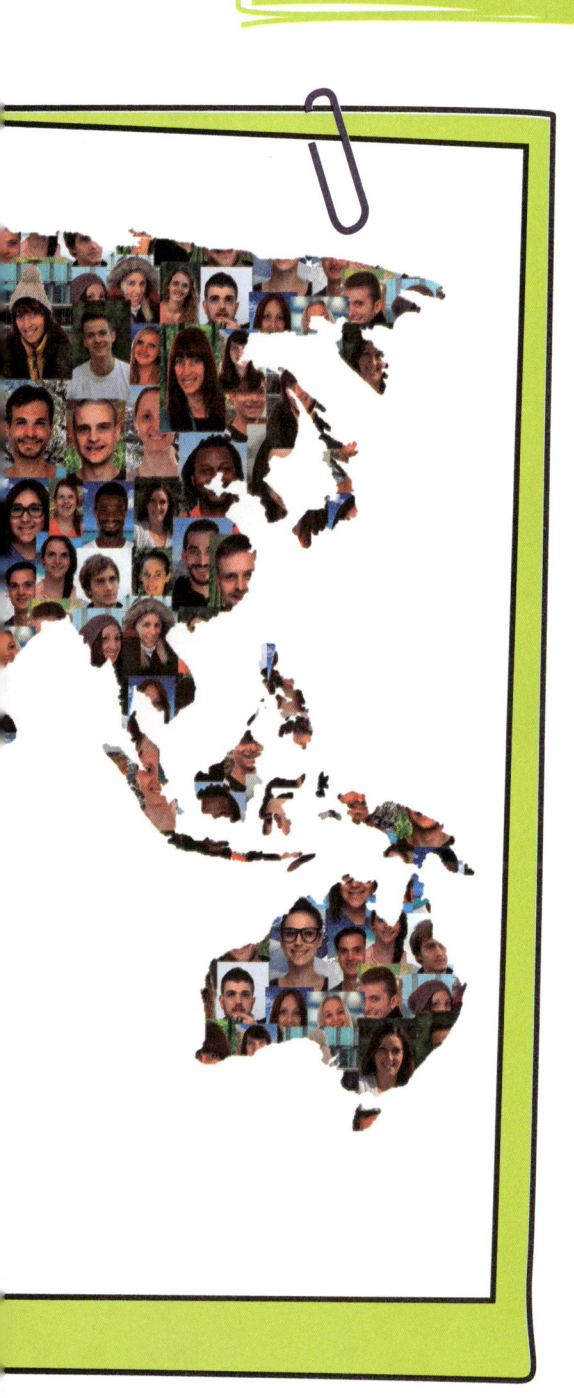

Vamos começar

- Observe a imagem e, em seguida, descreva-a.
- Para você, o Brasil é composto de muitas culturas? Por quê?
- Você sabe o que significa **tradição**? Acredita que ela tem importância para o estabelecimento de uma sociedade?

O discurso de formatura

A viagem ao Rio de Janeiro foi incrível. A emoção de, pela primeira vez, ver o mar é inenarrável. Sem contar os passeios e as pessoas interessantes. A cultura da cidade grande é muito diferente da de cidade pequena. Aliás, a diversidade cultural é um tema empolgante. Cada lugar tem seu jeito de falar, de cumprimentar, de comer. Até os gostos para as comidas que temos são culturais. Aprendemos a gostar mais de uma coisa do que de outra que, talvez, nem conheçamos direito.

João ficou muito emocionado assistindo ao musical **Os miseráveis**. Emocionado com a história. Com o destino de Jean Valjean. Com as injustiças que ele sofreu. Com a compaixão do bispo. Com os jovens mortos, porque tinham um sonho de liberdade. Com um perseguidor que não entendia de amor. Chorou muito quando viu a personagem Cosette e lembrou-se de sua irmã.

João mudaria alguma coisa no discurso. É assim. A vida inspira a arte. A arte inspira a vida.

Voltaram falantes. Que viagem! Taís estava feliz. Realizou seu sonho de conhecer o Rio de Janeiro e o sonho de muita gente também. Viram as durezas da Cidade Maravilhosa. João pensava em como podia, naquele cenário lindo, existirem tantas pessoas surdas ao grito de dor dos excluídos. Os excluídos de Victor Hugo, de **Os miseráveis**, continuavam a existir, continuavam a desafiar a sociedade.

Os professores também estavam felizes. Estavam orgulhosos dos alunos que ajudaram a conduzir para que protagonizassem escolhas mais corretas na própria vida.

Ana e Maria praticamente não dormiram no dia em que seus filhos chegaram. Era tanta beleza para ouvir, tanta história. Tanta emoção para compartilhar.

João chorou muito ao explicar a sua mãe quem era Cosette. Sua irmã, Cosette, também chorou ao ouvir uma das músicas que a atriz cantava no musical. A outra Cosette. A que perdeu a mãe e foi criada por Jean Valjean. A que encontrou o seu amor.

*

Chegou o dia da formatura. O discurso estava pronto.

O coral da escola já havia ensaiado as músicas escolhidas pelos alunos. Em uma das músicas, pais, alunos, professores e funcionários cantariam juntos. E a expectativa era para o discurso de João.

Taís estava linda, feliz. Ana e Maria estavam lá, com lenços nas mãos. Sabiam que chorariam muito. Cosette também estava lá. Pequena nos movimentos, mas grande nas emoções. Seu irmão se preparava para outra fase da vida.

O professor Joaquim estava lá. Não perderia por nada. Também foi orador de sua turma. Sonhou ser professor para viver um amor incondicional. Errou, certamente, muitas vezes e acertou outras tantas. Era um homem feliz com suas escolhas e cumpria seu ofício de melhorar o mundo.

> Para você, João se emocionou com o musical apenas por causa de Cosette?

> Em sua opinião, qual é o papel do discurso do orador em uma formatura?

João discursou. Falou sobre a gratidão a Deus, aos seus pais, aos professores, cultores dos mais lindos afetos e conhecimentos. Aos outros funcionários da escola, que cuidavam, limpavam, cozinhavam e exerciam a arte de educar nos ofícios cotidianos.

Agradeceu pela convivência e até pelos sofrimentos, que nos preparam para o futuro. Falou da esperança em um mundo em que o amor e o respeito sejam o caminho para a harmonia, sejam a bússola da embarcação. Falou dos comandantes, eles, os que estão prontos para a próxima fase e se prepararão para as outras etapas que virão, para enfrentar as dificuldades que há no mundo.

"Minha mãe trabalha no mercado municipal. Ela o limpa com muita dedicação e esforço. Constrói um ambiente melhor, mais bonito. Façamos o mesmo. Construamos um ambiente melhor para nós mesmos."

Falou dos jovens de ontem, que não se acovardaram diante das muitas injustiças.

E falou do amanhã. Do que somos e do que seremos. Não importa em qual profissão.

"O que seremos? Veterinários, para combatermos a crueldade contra os animais? Médicos, para aliviarmos as dores? Juízes, para provarmos, enfim, que a justiça existe? Professores, para guiar os alunos?

Professemos a crença em um mundo sem preconceitos nem ódios. Façamos uma opção pela vida! Pelo amor que nos retira da multidão e nos faz únicos!"

Os aplausos emocionados concordavam com o que havia sido dito.

Precisavam ser valentes, afinal, o discurso terminara, mas a vida não.

Histórias estavam para serem escritas, reescritas, vividas. A música de despedida, a que foi cantada por todos, dificilmente será esquecida.

> Você acha importante reconhecermos a contribuição de cada um na sociedade?

VER a cooperação feita por meio da união e da diversidade

James Brey/GettyImages

[O Estado é uma associação que participa de todas as ciências, todas as artes, todas as virtudes e todas as perfeições. Como os fins dessa associação não podem ser obtidos em muitas gerações, torna-se uma parceria não só entre os vivos, mas também [entre] os mortos e os que hão de nascer.

Edmund Burke,
em **Reflexões sobre a Revolução na França**.]

1. Observe a imagem da página ao lado. Ela pode ser considerada uma representação de Estado? Por quê?

_____
_____
_____

2. A partir da frase do filósofo Edmund Burke, o que é o Estado? Responda com suas palavras.

_____
_____
_____

3. Segundo Burke, o Estado pode atingir seus objetivos em pouco tempo?

_____
_____

4. Burke afirma que a associação entre os diferentes membros da sociedade também envolve os que partiram e os que ainda não chegaram. Você já havia pensado nisso sob esse ponto de vista? Justifique.

_____
_____
_____

5. Assinale com um **X** a frase que melhor relaciona a imagem com o pensamento de Edmund Burke.

- [ ] Cada membro participa da comunidade sem se relacionar com os outros.
- [ ] Os membros mais importantes seriam os fios que compõem a parte de fora, governando, e os menos importantes, os do meio, obedecendo.
- [ ] A união da sociedade se dá por meio de todos os seus membros, na forma de uma associação que deve durar por gerações, como fios que formam uma resistente trança.
- [ ] A relação não é possível de ser feita, visto que Burke está falando de um Estado e a imagem trata de uma trança feita com fios.

VAMOS PENSAR MELHOR

1. Releia a história **O discurso de formatura** e circule a alternativa cujas palavras também estão presentes no discurso de João.

    a) Paciência, paz, vaidade, controle.

    b) Amor, respeito, gratidão, esperança.

    c) Honradez, orgulho, simpatia, heroísmo.

    d) Prudência, humildade, altivez, empreendedorismo.

    e) Perspicácia, sapiência, paciência, discernimento.

2. Volte à frase de Edmund Burke. O filósofo valoriza ou desvaloriza a tradição? Justifique.

    _____
    _____
    _____
    _____

3. O filósofo Burke valoriza o legado de gerações anteriores. Por sua vez, o personagem João, em seu discurso, trata da importância da gratidão por aquilo que nos foi dado. Você acredita que há relação entre a tradição e a gratidão? Explique.

    _____
    _____
    _____
    _____

4. A diversidade cultural também é um fator importante na associação entre diferentes membros da sociedade. Dos valores pensados por João em seu discurso, quais seriam aqueles que ajudariam na convivência entre os diferentes?

    _____
    _____
    _____
    _____

5. Como vimos, Edmund Burke argumenta que o Estado é uma associação entre os que já se foram, os vivos e os que estão por vir. Há a necessidade, portanto, de estabelecer uma boa relação entre diferentes gerações para o desenvolvimento do Estado. João, por exemplo, mantém um diálogo aberto e próximo com sua mãe e o professor Joaquim, que são de gerações anteriores a dele. Mas será que esse diálogo é sempre fácil?

Com base em sua experiência, analise os tópicos abaixo e assinale com **X** quais lhe parecem ser os mais difíceis de discutir com gerações anteriores a sua. Justifique.

☐ Política.
_____
_____

☐ Futuro.
_____
_____

☐ Saúde.
_____
_____

☐ Dinheiro.
_____
_____

☐ Estudo.
_____
_____

☐ Relacionamentos pessoais.
_____
_____

6. Você acha que, para viver em sociedade, é necessário exercer a tolerância? Por quê?
_____
_____

CONHECER o poder da tolerância para a democracia

Edmund Burke nasceu em Dublin, capital da Irlanda, em 1729. Filósofo, político e ensaísta, Burke fez sérias críticas ao pensamento iluminista, pois, para ele, esse poderia passar a ideia de que tudo é justificado em nome da revolução. Sua principal obra de Filosofia política chama-se **Reflexões sobre a Revolução na França**, de 1790. Faleceu em Londres, em 1797.

Como vimos no início desta unidade, para o filósofo político **Edmund Burke**, as tradições herdadas pelas gerações passadas, as muitas culturas que constituem um povo, as artes que perpassam nossa existência, entre outros elementos, formam o Estado e devem ser levadas em consideração quando estudamos política.

A tolerância deve ser um pilar da vida em sociedade.

Mas viver em uma associação como o Estado, que se constitui na diversidade de muitas vozes, culturas, tradições, não é tão fácil... É preciso que haja **tolerância** entre todos os sujeitos de forma que essa associação, como um bem comum, seja saudável e represente todos.

O filósofo inglês John Locke (1632-1704), em sua obra **Carta sobre a tolerância** (publicada anonimamente em latim, em 1689), fez uma defesa clássica da tolerância. Nessa obra, Locke fala da importância da tolerância dos governos em relação à religião dos cidadãos. Sua obra expandiu os sentidos da tolerância religiosa e trouxe a discussão da importância da tolerância para uma vida harmoniosa em sociedade, abrangendo a ciência, a política, a arte, a cultura etc.

Para o bom funcionamento do Estado, a tolerância deve existir porque os seres humanos são muito diferentes sob diversos aspectos. Assim, tolerância e diversidade são fatores que estão diretamente relacionados.

Nesse sentido, a filósofa alemã e pensadora política **Hannah Arendt**, ao refletir sobre a política de sua época e sobre como o Estado se constitui, ressalta também a importância de todos os sujeitos que fazem parte do Estado, com as muitas culturas e subjetividades que o constituem, se sentirem parte integrante dessa associação.

Contudo, para que todos os sujeitos, em suas multiplicidades, possam conviver pacificamente, exercendo a tolerância, a política se faz necessária. Para a filósofa, a política não elimina as diferenças e a pluralidade, mas é o caminho para que encontremos um meio pacífico de fazer conviver as diversidades.

Para tratar do tema, Hannah Arendt explica que praticamente todos os filósofos, começando pelo próprio Platão (428-347 a.C.), não refletiram propriamente sobre política, mas sobre o fim da política. Isso significa que pensaram em como nos livraríamos da dificuldade que é fazer política, considerando cidades perfeitas, uma harmonia definitiva entre os seres humanos e o poder ilimitado do Estado, que iria colocar um ponto final nos problemas, estabelecendo a ordem de uma vez por todas.

A filósofa considera que política não é tentar dar um basta definitivo nos problemas, mas uma maneira de tornar esses problemas algo razoável e suportável. Política seria um meio de as pessoas amenizarem a desordem, as disputas e as dificuldades que sempre existirão em uma vida em sociedade.

Hannah Arendt também afirma que, para que a política funcione, é importante sermos sujeitos ativos dentro do Estado. Segundo ela, desde Aristóteles (384-322 a.C.) há a tendência de considerarmos a vida contemplativa, ou seja, a intelectual, superior à vida ativa. Ela discorda totalmente dessa tendência.

Para ela, existem três formas de atividade humana: o **labor**, que seria cuidar do próprio corpo, da casa, enfim, da manutenção da vida; o **trabalho**, que seria a produção de bens de consumo e de ferramentas; e a **ação**, que seria a relação entre os seres humanos e as decisões em comum, isto é, a política. É na ação, ou seja, na política que o ser humano usa realmente sua liberdade.

Em sua principal obra, **Origens do totalitarismo** (1951), Hannah Arendt faz uma crítica ao poder que

Hannah Arendt nasceu em Hannover, Alemanha, em 1906. Mudou-se para os Estados Unidos em 1941, onde trabalhou como professora. Notabilizou-se principalmente por seu trabalho em Filosofia política, analisando os problemas políticos que marcaram sua época. Faleceu em Nova York, Estados Unidos, em 1975.

surgiu na Europa de sua época: os regimes totalitários. Esse tipo de regime, segundo a filósofa, aproveitava-se justamente do desinteresse das pessoas pela política para controlar todas as esferas da vida em sociedade.

De acordo com a filósofa, anestesiada pela tecnologia que torna a vida muito cômoda e também apática, a maior parte das pessoas não queria mais se ater à sua obrigação como cidadã e se deixava controlar por **tiranias burocráticas** (tiranias porque esses governos agiam como bem entendiam e burocráticas porque, como possuíam um sistema complexo de leis, partidos e influências, a população ficava de fora da política enquanto políticos "profissionais" faziam o que desejavam).

Diante de tudo isso, pensando no exercício da tolerância proposto por Locke e na importância da vida política para Hannah Arendt, podemos considerar o regime democrático, modelo político atual no Brasil e em boa parte do mundo, o que melhor permite a convivência tolerante entre as diferenças.

Esse regime possibilita a toda sociedade fazer política com tolerância: reconhecendo e respeitando as diferenças, melhoramos a convivência.

O movimento civil conhecido como **Diretas Já** mobilizou o Brasil entre os anos 1983 e 1984. Esse movimento reivindicou o direito de a população brasileira eleger seus presidentes diretamente, por meio do voto. Na imagem, vista aérea de multidão concentrada na Praça da Sé, São Paulo, manifestando-se a favor das eleições diretas, em janeiro de 1984.

1. Em sua opinião, com base no que estudou até o momento, qual a importância das tradições herdadas das gerações anteriores na formação do Estado?

2. Explique a relação que existe entre tolerância e diversidade.

3. Segundo Hannah Arendt, a política serve para resolver nossos problemas em definitivo? Por quê?

4. Pesquise em *sites*, revistas, jornais e/ou livros exemplos no Brasil de grupos que, apesar de muito distintos, praticam a tolerância e convivem pacificamente. Escreva abaixo e compare suas respostas com as de seus colegas.

O que aprendemos?

- Tolerância e diversidade são dois fatores correlacionados.
- O regime democrático é aquele que permite a convivência tolerante entre as diferenças.
- Política, segundo Hannah Arendt, é uma maneira não de solucionar em definitivo nossos problemas, mas de amenizá-los e torná-los suportáveis.

FILOSOFIA EM TODA PARTE — História

Como vimos, Hannah Arendt, em **Origens do totalitarismo**, criticou os regimes totalitários que surgiram na Europa à sua época. Nesses regimes, considerados tiranos, os governantes agem como bem entendem, sem levar em consideração a opinião da maior parte da população. Além do totalitarismo, há outros tipos de regimes políticos não democráticos em que não há transparência na gestão pública e nos quais os cidadãos não participam da vida política nem podem exercer seus direitos. É o caso da **ditadura**. Você já deve ter ouvido falar desse regime político.

O Brasil viveu sob esse regime de 1964 até 1985, quando o presidente Tancredo Neves assumiu a presidência por meio de eleições indiretas. Em 1988, foi aprovada a nova Constituição Federal do Brasil, que estabeleceu princípios democráticos no país. Vamos entender um pouco melhor como o regime ditatorial funciona?

A ditadura é assim

A ditadura é como um ditado:
Alguém diz o que é para fazer, e todo mundo faz.
Porque tem de ser assim e pronto.
O homem que dita é quem manda, ele é o ditador.
Manda em todo mundo porque determinou que é o dono de TUDO.
Ele é apoiado por poucos...
E vai contra a vontade da maioria. [...]
Todo mundo obedece ao ditador só porque tem medo dele.
E quem não obedece nem tem medo é castigado. [...]

EQUIPO PLANTEL. **A ditadura é assim**. Tradução de Thaisa Burani. São Paulo: Boitatá, 2015.

1. Segundo o texto, o que faz um ditador?

_____
_____

2. Por que as pessoas costumam obedecer a um ditador?

_____
_____

3. O cantor brasileiro Chico Buarque escreveu, em 1970, a canção **Apesar de você**, um duro protesto ao regime ditatorial no qual o Brasil estava imerso, e evidenciou como os intelectuais e muitos cidadãos se sentiam diante desse governo. Leia um trecho da canção.

Apesar de você

Hoje você é quem manda
Falou, tá falado
Não tem discussão.
A minha gente hoje anda
Falando de lado
E olhando pro chão, viu?
Você que inventou esse estado
E inventou de inventar
Toda a escuridão
Você que inventou o pecado
Esqueceu-se de inventar
O perdão. [...]

BUARQUE DE HOLANDA, Francisco. Apesar de você. In: **Chico Buarque**. São Paulo: Philips Records, 1978. 1 CD. Faixa 11.

- Em sua opinião, com base na leitura do texto e da letra da canção, é possível ser feliz em um governo ditatorial? Por quê?

_____
_____
_____

Não é de espantar que...

... os esforços de muitas pessoas que lutaram e sofreram no passado estejam presentes na sociedade até os dias de hoje? Nós, como herdeiros desses esforços, temos o dever e a obrigação de conhecer nossa história e compreender nossa memória histórica para poder distinguir e aproveitar com consciência o que nos foi legado pelas gerações anteriores.

SER prudente para compreender a si mesmo e o mundo

A filósofa Hannah Arendt, em sua obra Crises da República (1972), apresenta quatro estudos sobre a cena política de sua época e outros temas que ainda são atuais. Em seus trabalhos, Hannah Arendt analisa quais são as maneiras de a democracia realmente funcionar, ou seja, quais as formas de a população participar diretamente nas decisões públicas.

A sugestão dela seria colocar em prática um sistema de conselhos, uma espécie de pequenos conselhos dos quais participariam representantes de toda a sociedade. Esse caminho permitiria o acesso da população às decisões. Vamos ler um fragmento sobre como funcionariam esses conselhos.

Victor Hugo nasceu em Besançon, França, em 1802. Poeta, romancista e dramaturgo, é um dos autores mais conhecidos e lidos de todos os tempos. Viveu numa época revolucionária, de grandes comoções na França e em outros países da Europa. Sua obra, além de mostrar sua genialidade como escritor, está bastante ligada ao seu tempo e à luta pela justiça social. Faleceu em Paris, França, em 1885.

Democracia e o sistema de conselhos

[...] Os conselhos dizem: queremos participar, queremos debater, queremos que nossas vozes sejam ouvidas em público e queremos ter uma possibilidade de determinar o curso político de nosso país. Já que o país é grande demais para que todos nós nos unamos a fim de determinar nosso destino, precisamos de um certo número de espaços públicos dentro dele. As cabines em que depositamos as cédulas são, sem sombra de dúvida, muito pequenas, pois só têm lugar para um. [...]. Mas se apenas dez de nós estivermos sentados em volta de uma mesa, cada um expressando sua opinião, cada um ouvindo a opinião dos outros, então uma formação racional de opinião pode ter lugar através da troca de opiniões.

ARENDT, Hannah. Crises da República. In: REZENDE, Antonio (Org.). **Curso de Filosofia**. Rio de Janeiro: Jorge Zahar, 2005. p. 265-266.

João assistiu durante a viagem de formatura ao musical **Os miseráveis**, inspirado na obra de mesmo nome do escritor francês **Victor Hugo**. A história se passa nos submundos de Paris no século XIX. Victor Hugo foi um homem de grande erudição, com vasto conhecimento em História e Filosofia, e participou intensamente da política de sua época.

Em **Os miseráveis**, ele explora diversos pontos de vista da sociedade francesa da época. Leia um trecho desse importante clássico universal para entender onde reside o verdadeiro problema:

> — Não tenhamos receio de ladrões nem de assassinos, que são perigos externos, perigos de pouca monta. Tenhamos receio de nós mesmos! Os preconceitos e os vícios; estes é que são os verdadeiros ladrões e os verdadeiros assassinos! Os maiores perigos são os que se acham dentro de nós mesmos. Que importa que a nossa cabeça ou a nossa bolsa ande ameaçada? Devemos nos preocupar apenas com aquilo que ameaça a nossa alma!
>
> HUGO, Victor. **Os miseráveis**. Tradução de Carlos dos Santos. São Paulo: Círculo do Livro, 1981. p. 36. v. 1.

1. Para Hannah Arendt, qual é a grande vantagem dos conselhos?

2. Por que, segundo a filósofa, somente o voto nas urnas não é suficiente para que participemos da política?

3. Hannah Arendt enfatiza em seus trabalhos que mudanças substanciais para a vida em sociedade não vêm do governo, mas da integração de todos os cidadãos pela política. O trecho de **Os miseráveis**, de certo modo, faz alusão a alguns cuidados necessários para que sejamos sujeitos melhores. Descreva esses cuidados com suas palavras.

Vamos analisar

- Como a ideia de pequenos conselhos poderia funcionar na região onde você mora?
- Você concorda com o trecho de **Os miseráveis** que diz que precisamos cuidar primeiro de nosso interior?
- Como uma reforma interna poderia ajudar a vida em sociedade?

PENSE A RESPEITO

Para Hannah Arendt, a democracia é o regime que nos permite conviver de forma civilizada e colaborativa.

Uma pesquisa da Organização das Nações Unidas (ONU) feita na América Latina em 2002 revelou que 59% dos entrevistados brasileiros não sabiam o que é democracia. Pensando nisso, vamos ler mais sobre o tema?

Viva a democracia!

[...] A palavra democracia vem do grego. Nessa língua, *demos* significa povo e *cracia* quer dizer poder. Juntando as duas partes chegamos à conclusão que democracia significa poder do povo, ou ainda, poder no povo. [...]

Democracia × Aristocracia

Hoje em dia, parece meio estranho falar de poder do (ou no) povo porque há muitos governos democráticos. Mas na época em que foi criado o termo democracia, era muito comum existirem regimes políticos nada democráticos, como a aristocracia.

Na aristocracia, o governo está na mão dos que se consideram melhores. O poder chega à mão dessas pessoas por conta de privilégios econômicos, sociais ou por hereditariedade e elas permanecem no comando por imposição ou pelo uso da força. Se o povo não concordar com o que eles decidem, não pode fazer nada para mudar.

Vamos dar um exemplo: Se na sua sala de aula a decisão sobre a festa de encerramento do semestre for discutida com a participação de todos os colegas ou entre representantes escolhidos da turma, estamos falando de uma democracia. Mas, se um dos alunos é filho de um empresário importante ou do prefeito da cidade, e por isso ele se acha no direito de mandar e escolher por todos, sem apoio da turma, aí estamos falando de uma aristocracia.

O caminho da democracia

A democracia pode ser trabalhosa. Geralmente, as vontades dos alunos (como no caso acima) ou do povo (como no nosso País) são bem diferentes. Alguns estudantes podem querer fazer uma festa de encerramento com dança e outros podem querer fazer uma feira com comidas e artesanato. Ou, no caso do Brasil, e de qualquer outra nação, alguns podem querer investir mais em educação e outros podem dar prioridade à economia. [...]

Voto: um importante instrumento

Mas quais são os ingredientes que garantem uma democracia? O professor de Ciência Política Leonardo Barreto, da Universidade de Brasília (UnB), explica: "Para existir uma democracia, é preciso que o povo tenha liberdade e participação. E a principal forma de participação é o voto".

O voto é assim tão importante porque é por meio dele que escolhemos nossos representantes. Já que não podemos exercer o poder todos juntos (ou diretamente), é com esse instrumento precioso que dizemos quem pode governar no nosso lugar. E, se você pensar bem, vai ver que a democracia faz com que todos sejam iguais. Como? O voto de cidadãos diferentes (ricos ou pobres, alfabetizados ou não, empregados ou desempregados) tem o mesmo peso na escolha dos representantes. Um voto não vale mais do que o outro. [...]

PLENARINHO. **Viva a democracia!**, 17 jul. 2007. Disponível em: <www.plenarinho.gov.br/camara/Reportagens_publicadas/viva-a-democracia>. Acesso em: 22 abr. 2016.

1. Na democracia, quem governa?

_____

_____

2. Observe a campanha a seguir e, em dupla, discuta:

- Por que o voto popular é o maior poder da democracia?

DIÁLOGO FILOSÓFICO

Estudamos que, por meio da democracia, podemos conviver com as diferenças. Podemos incluir aí não só as diferenças entre os diversos grupos sociais, mas também as diferenças entre as gerações.

Diante disso, é natural que na democracia haja conflitos. Por isso, esse regime pode ser compreendido como uma espécie de administração desses conflitos: administrar de tal maneira que as pessoas, praticando a tolerância, consigam conviver de maneira harmônica.

O filósofo alemão Arthur Schopenhauer (1788-1860), em um de seus escritos, explorou por meio de uma fábula os dilemas enfrentados por porcos-espinhos durante o inverno. Para tratar um pouco mais do valor da tolerância na vida em sociedade, vamos conhecer essa história?

A fábula do porco-espinho

Durante a era glacial, devido ao frio intenso e às grossas camadas de gelo que ocupavam o planeta Terra, muitos animais não resistiram e morreram.

Um grupo de porcos-espinhos, tentando proteger-se do frio e, assim, sobreviver, pensou em uma solução e decidiu que todos deveriam ficar bem próximos uns dos outros. Dessa forma, um poderia aquecer o outro e formar uma grande corrente de calor, enfrentando o rigoroso inverno.

No entanto, a proximidade, apesar de mantê-los aquecidos, fez com que os espinhos de cada porco começassem a ferir os companheiros mais próximos, aqueles que justamente forneciam mais calor.

Fugindo da dor ocasionada pelas feridas dos espinhos, os porcos começaram a se afastar e acabaram dispersando-se, magoados por terem sido machucados pelo seu próximo.

Contudo, afastados, começaram a morrer congelados novamente.

Diante dessa realidade, em conjunto, decidiram que se afastar não era a melhor solução. Voltaram-se a se aproximar, pouco a pouco, com cuidado, respeitando os limites do próximo para evitar ferimentos, de forma que cada porco-espinho manteve uma distância mínima para conviver com o outro sem se ferir, mas suficiente para que o calor o salvasse e pudesse sobreviver.

Fábula de Arthur Schopenhauer recontada especialmente para esta obra.

- Em grupo, discutam as questões.

    a) Quais as semelhanças entre essa fábula e o funcionamento da democracia?

    b) A prática da tolerância é fundamental para a vida em sociedade? Por quê?

    c) Como devemos respeitar as diferenças e a liberdade de expressão do próximo?

    d) Como podemos incentivar a participação política e, ao mesmo tempo, respeitar as liberdades individuais?

SE É ASSIM, ENTÃO...

- Encontre as palavras destacadas no diagrama e, em seguida, complete a citação do pensador político e estadista francês Alexis de Tocqueville (1805-1859).

ARISTOCRACIA

DEMOCRACIA

DIREITO

LEIS

MONARQUIA

REPÚBLICA

TIRANIA

A	M	N	T	E	M	A	N	E	R	U	L	S
A	I	U	Q	R	A	N	O	M	E	V	L	I
T	M	A	L	A	O	M	V	I	P	E	M	A
I	A	L	E	O	C	O	A	D	Ú	L	O	E
R	N	V	E	O	A	R	L	A	B	L	T	I
A	L	S	N	I	V	I	N	L	L	U	I	S
N	U	M	T	J	S	E	T	E	I	I	E	B
I	S	A	I	N	L	H	I	N	C	R	R	I
A	A	R	I	S	T	O	C	R	A	C	I	A
A	L	A	I	C	A	R	C	O	M	E	D	A

> "Portanto, quando vejo concederem o _____ e a faculdade de fazer tudo a uma força qualquer, seja ela chamada povo ou rei, _____ ou _____, seja ela exercida numa _____ ou numa _____, digo: aí está o germe da _____; e procuro ir viver sob outras _____."
>
> Alexis de Tocqueville, em **A democracia na América**: leis e costumes.

... POSSO DIZER QUE

- Produza, em seu caderno, um pequeno texto que explicite os principais pontos estudados nesta unidade. Considere os seguintes itens:
  - Inclua conceitos fundamentais, como: tolerância, diversidade na formação do Estado, aspectos da política de acordo com Hannah Arendt.
  - Descreva a relação entre tolerância e diversidade para a vida em sociedade.
  - Detalhe sua opinião sobre a importância da democracia como espaço para a diversidade.

GRANDES PENSADORES

Hannah Arendt (1906-1975) foi uma das principais filósofas do mundo contemporâneo.

Estudou Filosofia na Universidade de Marburgo e se doutorou na área pela Universidade de Heidelberg, em 1928. Seguiu de perto os trabalhos dos filósofos alemães Edmundo Husserl (1859-1938), Karl Jaspers (1883-1969) e, sobretudo, de Martin Heidegger (1889-1976).

Por ser judia, a filósofa foi levada ao campo de concentração como "suspeita". Conseguiu fugir e se mudou para os Estados Unidos, naturalizando-se norte-americana.

Viveu nesse país, onde escreveu e lecionou. Recebeu importantes distinções, como o Prêmio Sonning de 1975, concedido pela Universidade de Copenhague.

VAMOS LER E ASSISTIR?

O herói invisível,

de Luca Cognolato e Silvia del Francia. São Paulo: FTD, 2015.

A obra conta a história do italiano Giorgio Perlasca. No inverno de 1944-1945, em Budapeste, Hungria, Giorgio arriscou sua vida para salvar milhares de judeus húngaros do extermínio nazista fingindo ser um diplomata espanhol. Ao voltar à Itália, tempos depois, não contou sua história, pois acreditava que estava apenas cumprindo seu dever. Se não fosse por algumas mulheres que ele havia salvado, essa história teria se perdido para sempre.

Entre os muros da escola.

Direção: Laurent Cantet. França: Canal + / France 2 Cinéma, 2009. DVD (128 min).

O filme conta a história de François Marin, um professor de francês em uma escola secundária, localizada na periferia de Paris. François e seus colegas professores se esforçam para que os alunos aprendam os conteúdos das disciplinas. François tenta enfrentar a falta de interesse, o descaso e até a falta de educação dos jovens, mas muitas vezes fracassa. Na história, o professor precisa lidar com os conflitos étnicos e culturais em um ambiente escolar e com a pluralidade de alunos franceses e imigrantes de ex-colônias francesas.

BIBLIOGRAFIA

BOIZARD, Sophie. **Grandes filósofos falam a pequenos filósofos**. São Paulo: FTD, 2015.

BURKE, Edmund. **Reflexões sobre a Revolução na França**. São Paulo: Edipro, 2014.

CARRIÈRE, Jean-Claude. **O círculo dos mentirosos**: contos filosóficos do mundo inteiro. 2. ed. São Paulo: Códex, 2004.

COMTE-SPONVILLE, André. **A felicidade, desesperadamente**. São Paulo: Martins Fontes, 2005.

COMTE-SPONVILLE, André. **Apresentação da filosofia**. São Paulo: Martins Fontes, 2002.

DUMAS, Alexandre. **O conde de Monte Cristo**. Tradução e adaptação de Heloisa Prieto. São Paulo: FTD, 2014.

EQUIPO PLANTEL. **A ditadura é assim**. Tradução de Thaisa Burani. São Paulo: Boitatá, 2015.

HUGO, Victor. **Os miseráveis**. São Paulo: Círculo do Livro, 1981.

GOMBRICH, Ernst Hans Josef. **A história da arte**. São Paulo: LTC, 2000.

JAPIASSÚ, Hilton; MARCONDES, Danilo. **Dicionário básico de Filosofia**. 4. ed. Rio de Janeiro: Zahar, 2006.

MARCONDES FILHO, Ciro. **Ideologia**: o que todo cidadão precisa saber sobre. São Paulo: Global, 1985.

NICOLA, Ubaldo. **Antologia ilustrada de Filosofia**: das origens à idade moderna. São Paulo: Globo, 2005.

NIETZSCHE, Friedrich. **A gaia ciência**. São Paulo: Companhia das Letras, 2012.

NIETZSCHE, Friedrich. Sobre verdade e mentira no sentido extramoral. In: **Os pensadores**. São Paulo: Nova Cultural, 1996.

O LIVRO da Filosofia: as grandes ideias de todos os tempos. São Paulo: Globo, 2011.

REALE, Giovanni; ANTISERI, Dario. **História da filosofia**. São Paulo: Paulus, 2003. 7 v.

REZENDE, Antonio (Org.). **Curso de Filosofia**. Rio de Janeiro: Jorge Zahar, 2005.

SAVATER, Fernando. **Uma história descomplicada da filosofia**. São Paulo: Planeta do Brasil, 2015.

SAVATER, Fernando. **Ética para meu filho**. São Paulo: Martins Fontes, 2004.

TOCQUEVILLE, Alexis de. **A democracia na América**: leis e costumes. São Paulo: Martins Fontes, 2005.

ALMANAQUE FILOSÓFICO

UNIDADE 1

Friedrich Nietzsche

QUEM SOU EU?

Friedrich Nietzsche nasceu na Prússia, em 1844. De família protestante, seu avô era pastor luterano, e ele cresceu em um ambiente de religiosidade austera.

Extremamente tímido, cultivou pouquíssimos amigos, vivendo sozinho a maior parte do tempo. Na infância, revelou-se prodígio: aos 10 anos, por exemplo, compôs um moteto — peça musical escrita para uma ou mais vozes e que utiliza, em geral, textos religiosos — e vários poemas.

Estudou Filologia, ciência que analisa a língua e suas manifestações por meio de escritos antigos, em Bonn e Leipzig, Alemanha, e, em 1869, foi convidado a lecionar na Universidade de Basileia, Suíça. Foi nesse período que conheceu duas de suas maiores influências: o filósofo alemão Arthur Schopenhauer (1788-1860) e o compositor alemão Richard Wagner (1813-1883), que se tornou um grande amigo, mas, por pouco tempo, pois o sentimento de antissemitismo do compositor levou Nietzsche a romper a amizade.

Após 10 anos lecionando, demitiu-se do cargo e iniciou uma longa peregrinação em busca da cura para seus problemas de saúde — sofria de fortíssimas dores de cabeça. A Filologia também não lhe interessava mais. Viajou por muitos países e, nesse período, escreveu boa parte de suas obras, que não fizeram grande sucesso até sua morte. Em 1889, em Turim, Itália, sofreu um colapso do qual nunca mais se recuperou: ao ver, de sua janela, um cavalo sendo chicoteado por seu dono, correu para a rua e abraçou o animal, em lágrimas; depois, caiu no chão. Passou os dez anos seguintes sendo cuidado por sua mãe e irmã.

Nesse período, sofrendo alucinações, enviou cartas aos amigos, assinando-as como Cristo ou Dionísio, deus grego do vinho e das festas. Faleceu aos 55 anos, em Weimar, em 1900.

Fui eu quem disse...

"Eu ando entre os homens como entre os fragmentos do futuro: desse futuro que os meus olhares aprofundam."

Em **Assim falou Zaratustra**.

O que acontecia na época...

Um fato notório que, inclusive, contou com a participação direta de Nietzsche foi a Guerra Franco-Prussiana (1870-1871). Essa guerra foi um conflito armado entre a França e os estados prussianos liderados pelo chanceler prussiano Otto von Bismarck (1815-1898). A guerra cessou após a derrota francesa e a assinatura do Tratado de Frankfurt. Nietzsche serviu, como voluntário, nesse conflito na área de assistência médica.

Otto von Bismarck.

E não parou por aí...

Nietzsche é considerado um dos pensadores mais originais do século XIX, influenciando uma gama inumerável de pensadores e artistas posteriores. Seus trabalhos ganharam fôlego, sobretudo, na desilusão do pós-guerra. Nas artes, Nietzsche influenciou intensamente o Expressionismo alemão, movimento cultural que alcançou as artes plásticas, com Edvard Munch (1863-1944), por exemplo, e o cinema, com Robert Wiene (1873-1938) e F. W. Murnau (1888-1931). Também influenciou a literatura existencialista, como os franceses Jean-Paul Sartre (1905-1980) e Albert Camus (1913-1960). Já na música, suas obras influenciaram a composição do músico alemão Richard Strauss (1864-1949), que criou um poema sinfônico chamado **Assim falou Zaratustra**, baseado no romance filosófico homônimo de Nietzsche.

Compositor e maestro alemão Richard Strauss.

NA LINHA FILOSÓFICA...

A Filosofia de Nietzsche é caracterizada por uma crítica mordaz às Filosofias anteriores: de Sócrates a Kant, Nietzsche empreendeu um esforço monumental contra a teoria de seus antecessores. Para ele, a moralidade tradicional não era mais relevante, o mundo vivia a era do niilismo (teoria que prega a completa falta de sentido da vida); era necessária outra moral, uma moral autônoma, centrada na liberdade total do ser humano. Essa linha filosófica de Nietzsche influenciou diretamente pensadores bastante renomados, como Sartre e Camus, o filósofo alemão Martin Heidegger (1889-1976), o filósofo francês Michel Foucault (1926-1984), o filósofo argelino naturalizado francês Jacques Derrida (1930-2004), dentre outros.

As obras do filósofo contemporâneo Derrida foram diretamente influenciadas pelo trabalho de Nietzsche.

- Qual era o posicionamento de Nietzsche em relação à moralidade tradicional?

UNIDADE 2 — Albert Camus

QUEM SOU EU?

Albert Camus nasceu na Argélia, em 1913, quando ainda era uma antiga colônia francesa, na cidade de Mondovi, atual Dréan. Camus perdeu o pai em 1914, na Primeira Guerra Mundial (1914-1918), e mudou-se com sua mãe para a capital, Argel. Teve uma infância extremamente pobre e quase parou de estudar para trabalhar e ajudar a família; porém, com o incentivo de um de seus professores, que homenageia posteriormente em suas obras, permaneceu na escola.

Entre 1924 e 1936, graduou-se e obteve o título de doutor em Filosofia na Universidade de Argel. Mas problemas de saúde, relacionados à tuberculose, impediram-no de lecionar. Engajou-se na militância política, filiando-se ao Partido Comunista Francês e, posteriormente, ao Partido do Povo da Argélia. Em 1942, publicou o romance **O estrangeiro** e conheceu o casal de filósofos franceses Jean-Paul Sartre (1905-1980) e Simone de Beauvoir (1908-1986), de quem se tornou grande amigo. Em 1945, com o fim da Segunda Guerra Mundial, Camus começou a se afastar do ideal comunista e a criticar a União das Repúblicas Socialistas Soviéticas (URSS), de quem seu amigo Sartre era fiel defensor.

Em 1951, publicou **O homem revoltado**, com duras críticas ao regime soviético, o que causou um desentendimento público e o rompimento definitivo com Sartre. Mergulhou em uma depressão da qual só saiu em 1957, quando recebeu o Prêmio Nobel de Literatura.

Camus faleceu em 1960, em decorrência de um acidente de carro, a caminho de Paris, que vitimou também seu editor Michael Gallimard.

Fui eu quem disse...

"No apego de um homem à vida há alguma coisa de mais forte que todas as misérias do mundo."

Em **O mito de Sísifo**.

E não parou por aí...

A Filosofia de Camus se desenvolveu, sobretudo, em seus romances, como **O estrangeiro** (1942), **A peste** (1947) e **A queda** (1956). Em 1967, o famoso diretor italiano Luchino Visconti (1906-1976) filmou **O estrangeiro**, tendo Marcello Mastroianni (1924-1996) no papel do protagonista Arthur Meursault. Em 1992, o diretor argentino Luis Puenzo (1946-) filmou a obra-prima **A peste**.

Cena do filme **O estrangeiro**, com o famoso ator italiano Marcello Mastroianni.

O que acontecia na época...

Camus não só viveu à época da Segunda Guerra Mundial (1939-1945), como se envolveu diretamente com ela. Engajou-se intensamente na Resistência Francesa e, à frente do jornal clandestino **Combat**, junto do amigo escritor e jornalista francês Pascal Pia (1903-1979), escreveu excelentes artigos com críticas sociais consequentes da guerra. O jornal atingiu a marca de 300 mil exemplares nos anos finais da guerra.

Primeira página do **Combat**, de abril de 1943, que destacava a escolha dos generais Henri Giraud e Charles de Gaulle como líderes do Comitê Francês de Libertação Nacional (CFLN), responsável por libertar a França do regime nazista durante a Segunda Guerra Mundial.

NA LINHA FILOSÓFICA...

A Filosofia de Camus – ainda que ele mesmo dissesse não pretender criar Filosofia alguma – centra-se no sentimento de absurdo em relação à vida. Seguindo o Existencialismo, Camus não foi um existencialista ateu, como Jean-Paul Sartre, e, sim, algo entre o filósofo dinamarquês Søren Kierkegaard (1813-1855), que era cristão, e sua amiga pessoal Simone Weil (1909-1943), que se considerava uma mística agnóstica. Desse modo, criou uma linha filosófica chamada Absurdismo, que influenciou, sobretudo, a arte.

Para Camus, a vida não tinha sentido, era absurda, mas como indivíduos devíamos resistir a esse absurdo com uma afirmação insistente pela vida. O Teatro do Absurdo, de Samuel Beckett (1906-1989) e Eugène Ionesco (1909-1994), é uma herança artística – e também filosófica – da obra de Camus.

Cenas da peça **Esperando Gogot**, de Samuel Beckett, no teatro Cort, Nova York, Estados Unidos, 2013. O Brasil foi o segundo país a ter uma montagem desse texto, com direção de Alfredo Mesquita, em 1955. Esse texto é considerado um dos mais importantes do Teatro do Absurdo e a principal obra de Beckett.

• Qual o ponto de vista de Albert Camus em relação à vida?

UNIDADE 3 — Michel de Montaigne

QUEM SOU EU?

Michel Eyquem de Montaigne nasceu em Dordonha, perto de Bordeaux, França, em 1533. De família rica, foi educado em casa por um preceptor que só lhe falava em latim e, até os 6 anos, essa era praticamente a sua única língua. Terminados os estudos preparatórios, foi enviado à Universidade de Toulouse, na França, para estudar Direito. Formou-se e entrou para a magistratura, tornando-se conselheiro do parlamento, onde conheceu o famoso escritor Étienne de La Boétie (1530-1563), com quem desenvolveu profunda amizade.

A morte prematura de La Boétie aos 33 anos causou um grande sofrimento a Montaigne; sofrimento que o levou a iniciar sua carreira de ensaísta. Aliás, Montaigne foi o primeiro autor a escrever ensaios, termo que, em francês, significa esboço, tentativa. O gênero ensaio ficou conhecido como um gênero despretensioso, em torno de um assunto específico, mas sem a necessidade de chegar a uma conclusão precisa. Seus ensaios foram publicados em três volumes, entre os anos de 1580 e 1588. Seus textos giraram em torno de assuntos bastante diversos: desde temas clássicos, elevados, até detalhes pessoais de menor importância.

Sofrendo com crises de cálculo renal, viajou, entre 1580 e 1581, por vários países, em parte buscando a cura para sua doença. Em 1581, descobriu que havia sido eleito prefeito de Bordeaux e voltou à França, assumindo o cargo. Reeleito em 1583, serviu até 1585, tentando moderar os conflitos entre católicos e protestantes. Faleceu em Bordeaux, em 1592, devido a uma inflamação nas tonsilas.

Fui eu quem disse...

"Sempre achei formal esse preceito que manda, com tanta exatidão, manter a compostura e uma atitude desdenhosa e pausada diante do sofrimento dos males."

Em **Ensaios**.

E não parou por aí...

A influência de Montaigne pode ser percebida em muitos artistas posteriores; o mais famoso deles – ainda que contestado por alguns estudiosos – é o grande dramaturgo e poeta inglês William Shakespeare (1564-1616). Dizem que há influência do ensaio **Dos canibais** na peça **A tempestade** (1611), e do ensaio **Da Solidão** em **Rei Lear** (1605-1606); e, ainda, uma influência marcante em **Hamlet** (1599-1601). Montaigne também influenciou o poeta, pintor e ensaísta brasileiro Sérgio Milliet (1898-1966), que, inclusive, traduziu os **Ensaios** para a língua portuguesa.

Foto do escritor brasileiro Sérgio Milliet.

O que acontecia na época...

Montaigne viveu em uma época de intensos e sangrentos conflitos religiosos na França. Em 1572, em 24 de agosto (Dia de São Bartolomeu), no episódio que ficou conhecido como O massacre da Noite de São Bartolomeu, católicos, a mando da rainha Catarina de Médici (1519-1589), nobre italiana que se tornou rainha consorte da França, assassinaram brutalmente milhares de huguenotes (protestantes franceses). Após o massacre, Montaigne fez um discurso notável no parlamento de Bordeaux, em favor da tolerância religiosa.

DUBOIS, François. **O massacre de São Bartolomeu**. 1572. Óleo sobre painel. Museu de Arqueologia e História de Lausana, Suíça.

NA LINHA FILOSÓFICA...

A Filosofia de Montaigne é uma mescla do ceticismo pirrônico (Pirro foi um filósofo grego do século III a.C.) e do estoicismo (Filosofia fundada por Zenão Cítio em IV a.C.). Para Montaigne, a razão é um instrumento que não garante nem sustenta argumentos; o ser humano é, na verdade, insignificante, e a vida é um emaranhado de dúvidas. Esse ceticismo de Montaigne frutificou em filósofos como o francês Blaise Pascal (1623-1662) e o poeta e ensaísta norte-americano Ralph Waldo Emerson (1803-1882). Há um famoso texto de Emerson que se chama, inclusive, **Montaigne; ou o Cético**, no qual o poeta relata sua experiência de leitura com o ensaísta francês.

Imagem de Ralph Waldo Emerson. O crítico norte-americano Harold Bloom (1930-) considera Emerson uma "versão americana de Montaigne".

- Descreva o que é a razão para Montaigne.

UNIDADE 4 — Hannah Arendt

QUEM SOU EU?

Hannah Arendt nasceu próximo a Hannover, Alemanha, em 1906, em uma família de judeus. Aos 3 anos, seus pais se mudaram para Königsberg (antiga Prússia) – cidade de Immanuel Kant (1724-1804) – onde ela iniciou seus estudos. Aos 17 anos, foi obrigada a abandonar a escola por problemas disciplinares e viajou sozinha para Berlim. Em 1924, foi admitida na Universidade de Marburgo, Alemanha, onde teve aulas de Filosofia com os renomados filósofos alemães Martin Heidegger (1889-1976) e Nicolai Hartmann (1882-1950), e de Teologia com o alemão Rudolf Bultmann (1884-1976). No início de 1926, mudou-se para a Universidade Albert Ludwig, em Friburgo, em Brisgóvia, Alemanha, mas se graduou em Filosofia pela Universidade de Heidelberg, sob orientação do filósofo alemão Karl Jaspers (1883-1969).

Em 1933, com a ascensão de Adolf Hitler (1889-1945) ao poder, mudou-se para Paris e lá se envolveu diretamente com a emigração de crianças judias para a Palestina. Em 1940, casou-se com o filósofo e poeta alemão Heinrich Blücher (1899-1970) e, nesse mesmo ano, quando os alemães invadiram a França, foi presa e enviada a um campo de concentração, de onde conseguiu fugir em 1941. Emigrou para os Estados Unidos, onde trabalhou em várias editoras judaicas e lecionou em diversas universidades norte-americanas.

Faleceu vítima de uma parada cardíaca em Nova York, Estados Unidos, em 1975.

Fui eu quem disse...

"Abolir as cercas da lei entre os homens – como o faz a tirania – significa tirar dos homens os seus direitos e destruir a liberdade como realidade política viva; pois o espaço entre os homens, delimitado pelas leis, é o espaço vital da liberdade."

Em **As origens do totalitarismo**.

O que acontecia na época...

Hannah Arendt viveu o período sombrio da Segunda Guerra Mundial (1939-1945) e dos totalitarismos nazista e comunista, tendo de lidar com as consequências deles em sua vida. O regime nazista lhe tirou a nacionalidade alemã em 1937; ela se naturalizou norte-americana em 1951. Hannah Arendt acompanhou o julgamento do ex-tenente da SS, uma organização ligada ao partido nazista e a Adolf Hitler, Adolf Eichmann (1906-1962), em 1961, publicando sua análise no livro **Eichmann em Jerusalém** (1963).

Dois homens sentados em meio a |escombros da Segunda Guerra Mundial, em Berlim, Alemanha, maio de 1945.

E não parou por aí...

Em 2013, estreou a cinebiografia **Hannah Arendt**, produção teuto-francesa dirigida pela roteirista e diretora alemã Margarethe von Trotta, com a premiada atriz alemã Barbara Sukowa no papel principal. O filme, muito elogiado pela crítica e premiado em alguns festivais, centrou-se na cobertura do julgamento de Adolf Eichmann.

Esse julgamento, que se iniciou em 11 de abril de 1961, em Jerusalém, durou um ano e terminou com a condenação à morte de Eichmann, chefe da Seção de Assuntos Judeus no Departamento de Segurança de Hitler e responsável pela deportação de centenas de milhares de judeus para campos de concentração.

Cartaz de divulgação do filme **Hannah Arendt**, dirigido por Margarethe von Trotta.

NA LINHA FILOSÓFICA...

A Filosofia de Hannah Arendt é, sobretudo, uma grande reflexão sobre a liberdade e sobre como determinados sistemas políticos podem cerceá-la na busca de poder. Por sua própria experiência, foi uma ferrenha adversária de regimes totalitários: dividida em três partes – antissemitismo, imperialismo e totalitarismo –, Arendt analisa, em sua obra **As origens do totalitarismo** (1951), a necessidade de uma nova garantia para a dignidade humana. Hannah Arendt se tornou referência nos estudos sobre Filosofia política. O advogado, jurista, professor, membro da Academia Brasileira de Letras e ex-ministro de Relações Exteriores brasileiro Celso Lafer (1941-) estudou com Hannah Arendt nos Estados Unidos. Profundo estudioso do pensamento dela, é autor de várias obras sobre temas relacionados à filósofa.

Reprodução da capa de **As origens do totalitarismo**, primeira obra de sucesso de Hannah Arendt.

- Quais são os três temas analisados por Hannah Arendt em **As origens do totalitarismo**?

Impresso no Parque Gráfico da Editora FTD
Avenida Antonio Bardella, 300
Fone: (0-XX-11) 3545-8600 e Fax: (0-XX-11) 2412-5375
07220-020 GUARULHOS (SP)